F. HENRY NADAUD

GUERRE DE 1870-71

LA PATRIE EN DEUIL

VERS ET PROSE

IDÉALISME ET RÉALISME

L'heure des grands réveils a sonné sa venue.
F. H. N.

Quiconque sous le joug se plaît avec fierté,
Ne connaît même plus le mot de liberté.
F. H. N.

BORDEAUX

CHEZ L'AUTEUR
161, rue Sainte-Catherine, 161

SECRÉTARIAT
DES CONCOURS POÉTIQUES
92, route d'Espagne, 92

1872

LA PATRIE EN DEUIL

NIHIL SINE PATRIA

LA PATRIE EN DEUIL

(VERS ET PROSE)

PAR

F. HENRY NADAUD
(DE BORDEAUX)

MEMBRE D'HONNEUR
de la Société Italienne pour l'émancipation de la Femme,
du Comité des Concours Poétiques de Bordeaux,
de la Société Littéraire et Artistique de Sambartolomeo in Galdo,
de l'Institut Européen de Smyrne (Asie), etc.

Quiconque sous le joug se plaît avec fierté
Ne connaît même plus le mot de liberté.

(Extrait d'un grand poème inédit ayant pour titre . FIDRIC OU LES MARTYRS DE LA GUERRE).

H. N.

BORDEAUX

CHEZ L'AUTEUR
161. Rue Sainte-Catherine, 161.

SECRÉTARIAT
DES CONCOURS POÉTIQUES
92, Route d'Espagne, 92.

MDCCCLXXII

A MES AMIS

LECTEURS ET LECTRICES,

Il m'eût été facile et il eût paru plus ronflant de mettre, pour servir de préface à ce livre, une des lettres qui m'ont été adressées par *MM. Thalès Bernard* ou *Henry de Kock;* mais comme on les trouvera à leur vraie place (voir à la page 250) précédant les **Rêves Allemands et Français** auxquels elles répondent, j'ai préféré achever de mettre mon cœur en tête de cet ouvrage unique, en ce sens : que dans *nul* de ceux qui le suivront, on ne découvrira *nulle* question directement personnelle.

Cette déclaration faite, je veux publiquement, et sans désigner qui que ce soit, remercier, du plus profond de mon cœur, tous les donateurs ou souscripteurs à ce volume, du patriotisme qu'ils ont montré en m'aidant à le publier.

Sans chercher si *tels* ou *tels* noms inscrits sur mes listes leur étaient plus ou moins sympathiques, ils ont vu mon amour pour notre France chérie, et, sentant que je ne devais pas être un renverseur de la société, ils ont délié les cordons de leur bourse.

Merci, mille fois merci, à ces *vrais Français* comme dit *M. Thalès Bernard.* Que le pays leur paie une partie de la reconnaissance que je leur dois, reconnaissance que mon pauvre cœur ne saura jamais acquitter complètement !

....

Je termine en transcrivant, ici, une partie de *post-scriptum* d'une lettre adressée, le 25 novembre dernier, à l'un de nos Conseillers d'Arrondissement :

« Mon ouvrage a deux buts bien distincts :

« Le premier, faire aimer la Patrie en faisant converger vers elle tous les rayons de la « littérature : presque tous les genres se trouveront dans **LA PATRIE EN « DEUIL.**

« Le second but de ce livre est de donner à chacun, individuellement, le courage de « secouer tout joug immérité.

« Si on habitue les hommes, ou si on les oblige à se voir journellement cracher à la « face, on n'aura que des poules mouillées au moment du danger. »

Sur ce, cher lecteur et bienveillante lectrice, entrez hardiment dans mon ouvrage et ne me condamnez qu'après jugement, c'est-à-dire, qu'après lecture faite... et répétée .. si le cœur vous en dit... et laissez-moi espérer que nous nous rencontrerons de nouveau, bientôt.

HENRY NADAUD.

4 Décembre 1872.
anniversaire de la naissance de ma mère.

Bordeaux. — Imprimerie administrative RAGOT, rue de la Bourse, 11-13.

A MONSIEUR AMÉDÉE TASTET

(Maire de Blanquefort)

COURTIER DE VINS A BORDEAUX

Monsieur,

L'élève des *Ignorantins* qui, au sortir de l'école, fut placé, par ses *bons* premiers maîtres, chez l'honorable Monsieur Tastet junior, votre oncle, auquel vous avez dignement succédé, sous tous les rapports, vient vous offrir publiquement ce petit volume, fruit de ses insomnies aussi longues que forcées et terribles.

Une partie de mon cœur a formé ces lignes.

Puisse ce faible hommage de ma reconnaissance sourire à votre âme généreuse et vous prouver, ainsi qu'à toute votre famille, que le cœur de votre ancien petit commis se ressouvient toujours qu'il est votre débiteur et que vous l'avez aidé pour rendre plus paisibles, plus agréables, les dernières années de sa mère!

Puissent, également, les nobles familles de Bethmann, Lawton, Blanchy, de Luze et celles (disparues, je crois), des veuves Hess et Petersen, recevoir, ici, à côté des remerciements que je vous adresse, ceux du pauvre enfant du peuple dont elles ont protégé les vieux parents, ou pour lequel, en maintes circonstances, elles se sont *vainement intéressées*, afin de lui faire obtenir *ce qu'obtiennent tous les employés de la Mairie, sans en excepter le plus piètre garçon de bureau :*

UN CHANGEMENT DE SERVICE.

Puissent mes concitoyens, mes compatriotes, voir dans toutes ces pages que je vous dédie, l'amour de la patrie qui, *seul*, *me délasse* d'un travail *cyniquement ridicule pour un seul employé;* et je serai plus que fier si on y voit, aussi, le profond respect avec lequel j'ai l'honneur d'être,

Monsieur,

Votre très humble et obéissant serviteur.

H[ry] NADAUD,

Métreur de la Ville.

Bordeaux, ce 20 Juillet 1872.

(Anniversaire de la fête de ma mère)

A TOUS CEUX QUI AIMENT LEUR PATRIE

Nihil sinè patria.

Pour la patrie en deuil, la mère de nos mères,
Pour la France, jadis première au premier rang.
Après avoir versé des larmes bien amères,
Je suis prêt à donner ma liberté, mon sang.

L'heure des grands réveils a sonné sa venue.....
Tant que de mon pays je foule et vois le sol
Pour le mieux embrasser, vers le ciel, dans la nue,
Par les yeux de l'esprit, je vais prendre mon vol.

Moi, dans l'immensité!.... Les choses de l'espace.
En suivant leur parcours m'adressent un salut;
Troublé, je le leur rends... Pour la France qui passe
De ses chantres aimés j'ai dérobé le luth.

« Accepte sans rougir, ô ma sainte patrie,
« Les chants d'un fils du peuple, ombre de ton soleil,

« Un de tes purs rayons dans son âme flétrie
« D'un avenir meilleur a bercé son sommeil.

« Lorsqu'aux sages avis tu paraissais rebelle,
« C'était des fils bâtards qui répondaient pour toi.
« Ils t'ont fait mutiler..... tu sortiras plus belle
« De ce sanglant creuset ou s'épure ta foi.

« France, terre d'amour, sois à jamais bénie!
« Car, si j'en crois l'esprit qui me dicte ces vers,
« Ton nom redeviendra celui du bon génie
« Qui des feux du progrès embrasa l'univers.

....
....

Ceux qui pour leur patrie ont orgueil et tendresse,
Ceux qui donnent à tous un bienveillant coup-d'œil,
Ceux aimants, ceux souffrants, car à tous je m'adresse,
Comprendront mon amour pour la patrie en deuil.

3 Avril 1872.

LA LIBÉRATION DU TERRITOIRE

Gloire à notre France éternelle.
VICTOR HUGO.

Le mal est fait... La plaie est profonde, béante,
Tous les peuples ont vu terrasser la géante;
Et soit par jalousie, ou par haine, ou par peur,
Sans, même, de pitié prendre un masque trompeur,
Tous sont restés muets alors qu'elle est tombée.
Sous l'invasion sombre en la voyant courbée,
Pour eux craignant, peut-être, un pareil lendemain,
Pas un n'a cru prudent de lui tendre la main.
De l'arbre qui va choir doit trembler chaque branche;
Tout peuple, auprès d'un autre, abdiquant sa fierté,
Du destin, tôt ou tard, doit craindre la revanche,
Et trembler pour sa liberté.

Le mal est fait... Le ver qui rongeait notre France,
Tuant en nous la foi, l'amour et l'espérance,
A presque terminé son désastreux travail.
Pour nous la nostalgie a déchiré son bail.

De tout notre passé nous foulons les ruines.
Sans vouloir rien chercher au travers des bruines
Nous jetons, froidement, un glacial coup d'œil
Sur les débris dont nous prendrons, trop tard, le deuil.
Serait-ce donc ainsi, grands dieux ! qu'un peuple tombe ?
Si notre scepticisme est tout notre bonheur,
Ce bonheur est bien triste..... à deux pas de la tombe
Il effleure le déshonneur.

Le mal est fait... Nos sœurs, l'Alsace et la Lorraine
Ont, hélas ! aujourd'hui, la Prusse pour marraine.
Sous le joug germanique, en tombant à genoux,
Elles ont, toutes deux, laissé leur cœur chez nous.
Ce double hommage doit purifier nos âmes.
Et, puisque, sans juger, autrefois nous osâmes
Condamner un grand peuple et l'attaquer chez lui,
Attendons, maintenant, que notre jour ait lui...
Attendons... car l'Alsace et la Lorraine attendent...
Attendons... pour ne pas faire une œuvre à moitié ;
Mais hâtons-nous, pourtant, pour ceux qui vers nous tendent
Leurs bras nous demandant pitié.

Le mal est fait... Sachons apporter le remède ;
Que chacun, dans son for, en disant : *que Dieu m'aide !*
Ne se contente pas d'attendre tout d'en haut.
Ce ne sont ni soupirs ni larmes qu'il nous faut.
Il nous faut réveiller notre antique héroïsme ;
Il faut détruire en nous l'orgueil et l'égoïsme,
Ces cancers dégradants, ce double ver rongeur,
Qui rend, à son insu, l'honnête homme songeur.
Pour beaucoup de motifs nous devons nous refondre.
Ne nous trouvons-nous pas assez humiliés?
Devant le conquérant devons-nous nous morfondre
Et rester pieds et poings liés?

Le mal est fait..... Cessons nos plaintes méritées.
Calmons de tous nos morts les mânes irritées
Et de notre pays foulé par les Teutons
Débarrassons le sol..... Si nous nous ameutons
Contre ce vil intrus, si fier de son ouvrage,
Que ce soit par un or brûlant comme l'outrage.
Aux cruelles saisons succèdent les beaux jours.
Nous ne resterons pas, espérons-le, toujours
Dans la position et le trouble où nous sommes.
Après tous nos échecs, gloire de nos moqueurs,
Par la réflexion nous redeviendrons hommes
Et nous retremperons nos cœurs.

Le mal est fait... Les pieds de nos bourreaux nous souillent.
Plus ils restent chez nous et plus ils nous dépouillent.
Ces *héros*, beaucoup plus pillards que belliqueux,
Voudrions-nous rester face à face avec eux ?
Oh ! non... Eh bien ! songeons à l'infernal supplice
De nos frères buvant tous les jours au calice
Que la guerre et... la paix... leur ont laissé pour lot !
Chez lui, de l'étranger, refoulons chaque flot.
Après avoir porté sur un tiers de la France
Le pillage et la mort... il y fait son sommeil,
Et, se souciant peu de notre délivrance,
Il insulte notre soleil.

Le mal est fait... Songeons aux filles violées,
Aux épouses aussi, non encor consolées;
A leurs fils, leurs époux, leurs bien-aimés si chers.
Dont les plombs étrangers ont labouré les chairs !
Ces victimes du sort attendent leur vengeance.
Éloignons de leurs yeux l'abominable engeance
Dont la présence doit perpétuer leurs maux.
Ils ne sont point chez nous pour se payer de mots,

Ces Tudesqus-Judas *qui venaient* « POUR COMBATTRE
« UN SYSTÈME ET NON PAS UN PEUPLE », disaient-ils...
Les lâches en venant contre un se mettre quatre
Ne sont que des manants subtils.

Le mal est fait !... Chassons ces viveurs de rapines.
Nous avons bien assez de couronnes d'épines
Sans garder de *ces preux* les fronts contre nos fronts.
Dévorons sans témoins nos trop nombreux affronts.
Éloignons ces Germains mangeurs de nos ressources.
Deux de nos sœurs chez eux, notre argent dans leurs bourses,
N'est-ce donc pas assez !... Et nous faut-il encor,
De nos foyers aux leurs paralyser l'essor ?....
Par pitié, par pudeur, au nom de la Patrie,
Au nom des saints amours que nous avons au cœur,
Au nom de toute fleur par les traîtres flétrie,
Chassons loin de nous le vainqueur.

Le mal est fait !... Il faut l'atténuer bien vite.
Un sublime amour-propre à cela nous invite.
Pour mettre dans leur tort nos condamnations
Redevenons l'espoir des autres nations.
Nous aurions du progrès allumé l'incendie
Pour, après, devenir un peuple qui mendie !
Nous serions un troupeau de couards insensés,
Tombant de chûte en chûte et nous serions Français !...
C'EST IMPOSSIBLE !... Au peuple Escobar-Saltimbanque
Qui nous tient à la gorge, il faut plus que nos sous :
Donnons-lui, MAIS EN OR, tous nos billets de banque
Et, CET OR, qu'il crève dessous.

Le mal est fait !... Vidons chacun notre escarcelle.
Sous tout feu comprimé se cache une étincelle.

Nos cœurs ne sont pas morts... Ils ne sont qu'engourdis.
Par les événements nous fûmes étourdis,
Mais *il est positif* que la honte et la rage
Nous feront, FORCÉMENT, renaître au vrai courage.
En attendant ce jour que j'ai hâte de voir,
Accomplissons sans bruit un auguste devoir :
Afin que sur son bord rentre l'affreux corsaire,
Cyclone du destin qui sur le nôtre a plu,
Donnons, PAUVRES, *un peu* de notre nécessaire,
RICHES, *tout* notre superflu.

Mars 1872.

Le mal est fait!... Hélas! pour les femmes de France.
Quelle déception! quelle désespérance!
Leur généreux appel n'a pas été compris...
Nous n'estimons plus rien... Nous rions du mépris
Qu'on peut avoir de nous... Cette œuvre méritoire :
LA LIBÉRATION DE NOTRE TERRITOIRE,
N'a trouvé dans nos cœurs qu'un ridicule écho...
Cependant, notre France est notre Jéricho!
Nous avons vu tomber ses murs les plus solides
Et nous n'y songeons plus!... On le croirait, du moins,
Car pour les relever, trompettes d'invalides,
Nos cris sont, seuls, leurs seuls témoins.

Le mal est fait!... Faut-il attendre qu'il guérisse
De lui-même et qu'on dise : — « Avec leur avarice
« Ils ont sur leur vieux sol implanté les Germains.
« Ils leur ont, souriants, rempli ventres et mains
« Des savoureux produits de leur terre natale;
« Pour, après, les gardant loin de leur capitale,
« Ne plus savoir comment se débarrasser d'eux... »

Oh ! Qu'on n'entende pas ce langage !... C'est *deux*,
Trois, *quatre*, CENT moyens, si le premier échoue,
Qu'il nous faut employer pour nous tirer de là...
N'avons-nous pas assez, sur l'une ou l'autre joue,
Ressenti le gant d'Attila?...

Le mal est fait !... L'emprunt, ce jeu de confiance,
Va faire apprécier le crédit de la France.
Autant que notre droit l'argent doit nous venger.
De grâce, n'attendons pas tout de l'étranger...
Souscrivons pour montrer à *l'heureuse* Allemagne
Que *son* GRAND *empereur*, singe de Charlemagne,
Qui (*sans fiel contre nous*), par cent moyens divers,
Voulait nous appauvrir, prouve à tout l'univers
Que nous eussions été bien fous, bien imbéciles,
De répandre, *pour lui*, de nouveaux flots de sang...
Les chemins de l'emprunt doivent être faciles,
Soyons y tous au premier rang.

....

Le mal est fait !... L'emprunt sera le seul remède.
Le mal est fait !... Assez de ce triste intermède !
Le mal est fait !... L'orgie, aussi, doit bien finir !
Le mal est fait !... En lui prévoyons l'avenir.
Le mal est fait !... Cessons nos plaintes importunes.
Le mal est fait !... Comptons toutes nos infortunes.
Le mal est fait !... La coupe était pleine de fiel.
Le mal est fait !... Il faut retrouver notre ciel.
Le mal est fait !... L'éclair ne donne plus l'alarme.
Le mal est fait !... Rentrons dans notre état normal.
Le mal est fait !... L'argent va devenir notre arme.
Le mal est fait, tuons le mal !

Juillet 1872.

UMBRA

A MONSIEUR ADOLPHE LEFRAISE

Propriétaire à Angoulême

Monsieur et ami,

Vous m'avez, à Angoulême, au mois d'avril de l'année dernière, donné la traduction latine de ce substantif français : *Ombre*.

Permettez que je vous offre ce que j'ai trouvé et que je voyais sous ce mot, tandis que je vous confessais ma profonde ignorance.

D'une pierre faisant deux coups, l'ancien président de la *Société chorale Lanusse* vous prie de voir dans ce faible hommage de sa reconnaissance, un souvenir de celle, toujours vivace, qu'il conserve, ainsi que tous ses anciens collègues, pour l'accueil bienveillant qu'ils reçurent, le 20 juin 1858, lors du premier concours orphéonique donné par la ville d'Angoulême.

Bonne ville que j'aime tant,
Quand, de loin, j'aperçois ton *Beaulieu* dans la nue,
Je te dis : « Sois la bienvenue ! »
Et je soupire en te quittant,
Bonne ville que j'aime tant !

Près de toi naquit mon vieux père.
Il n'est plus... Avec lui je n'ai point pu te voir.
En t'aimant je fais mon devoir.
Chez toi mon nom brille et prospère,
Près de toi naquit mon vieux père.

Avec votre digne ami et émule en sympathiques égards, Alfred Epardeaux, vous fûtes désigné pour recevoir, au nom d'Angoulême, la petite société qu'un modeste ouvrier imprimeur avait, par amour du chant, fondée en 1827.

Si pour toutes les sociétés chorales, etc., en général, la ville d'Angoulême fut hospitalière et gracieuse, pour la *Société Lanusse* en particulier, les commissaires délégués par votre cité furent, nous ne saurons jamais trop le dire, les plus affables, les plus dévoués amis.

Aussi, je suis sur d'être approuvé en répétant, ici, au nom de tous ceux ayant participé à ces fraternelles et joyeuses agapes, ce vers, datant du 22 juin 1858 et si splendidement reproduit dans l'établissement de la Renaissance, à Bordeaux, les 25 et 26 septembre de la même année :

ANGOULÊME, SALUT A TES FILS GÉNÉREUX.

Mai 1872.

UMBRA

Le dernier crépuscule et les lueurs dernières
Sont dans l'obscurité... Les chemins, les ornières,
Les monts aux fronts blanchis, les prés verts, les châteaux,
Sous le ciel les objets, sur le lac les bateaux,
Se confondent entre eux... De chaque beffroi l'heure,
Comme un voleur surpris, s'échappe, tinte et pleure...
Dans l'erreur ou le doute on croit voir tout marcher...
Le calme a le repos pour invisible archer...
Seul, le Mal est debout!... Les nocturnes scandales,
Yeux voilés, pieds traînants, coulent le long des dalles...
Plus de teintes!... Tout est noir!... Qui veut nuire nuit :
C'est l'ombre de la Nuit!

Vers les bords, jadis purs, de la Loire et la Meuse,
Où, du sang répandu, chaque sillon se creuse,
Une pauvre ombre, en deuil, glisse furtivement
Et dit : — « Lorsqu'on arrive, hélas! tardivement
« C'est n'arriver jamais, en certains cas... Ma Loire!..
« Ma Meuse!... Mon beau sol!... Ma colossale gloire!...

« Ma belle renommée et mes preux de jadis!...
« Mes nobles souvenirs!... Mon nom!... Doux paradis!
« Qu'êtes-vous devenus?... » Puis, l'ombre se recueille
Et, retenant son cœur qui, tout meurtri, s'effeuille,
Elle avance et me dit : — « Suis-moi!... » — « Je t'obéis
« Ombre de mon Pays! »

Que vois-je?... Des débris!... Sont-ce ceux d'une orgie?...
Auprès de moi pourquoi cette terre rougie?...
Est-ce du vin jailli de son généreux flanc?...
Sont-ce des flots de pourpre, échappés?... C'est du sang!...
Ici... là-bas... plus loin... autour... du sang encore!
Ah!... de tous nos malheurs je distingue l'aurore!
Le jour le plus brillant devient terne le soir.
Où se posa l'effroi la haine vient s'asseoir.
Dans nos champs dévastés l'inflexible vengeance
En marchant fait des croix que la rancune agence.
Sur l'ossuaire, un spectre, un faucheur grince et mord :
C'est l'ombre de la Mort!

Mais, au-dessus de tout et comblant tout espace,
Une ombre pure, immense et rayonnante passe.
Dans son opacité renfermant notre sol,
Elle l'étreint, le fait renaître... et suit son vol...
O gloire universelle! O lumière et ténèbres!
Tu vis la trahison les désastres funèbres;
Tu vois nos jours passés et tous ceux à venir;
Ton silence éloquent enseigne l'avenir.
Nous avons bien souffert!... Mais, si de la souffrance
Vient l'épuration, nous verrons notre France
Te redire, le jour : — « Salut!... »; le soir : — « Adieu!... »
O grande ombre de Dieu!

....
....

Eh bien ! puisque c'est Toi qui tiens tout sous Ton ombre ;
Puisque l'éternité, roulant dans Ta pénombre,
A Ton commandement poursuit ses pas comptés ;
Puisque à Ton froid signal les flots, fiers, indomptés,
Détruisent tout obstacle ou caressent leurs digues ;
Puisque Tu sais à tous mesurer les fatigues ;
Puisque mon cher pays, rudement éprouvé,
Doit revenir à Toi par la raison prouvé,
Laisse-moi, tout confus, heureux de Te connaître,
T'offrir les miens, tous ceux que j'aime et tout mon être.
Laisse-moi T'aborder et m'absorber en TOI :
Nos ombres sont Ta Loi !

Angoulême, — Avril 1871.

LA PLUME BLANCHE

A MONSIEUR GIUSEPPE BARBIERI

Président-Fondateur-Directeur

de la

SOCIÉTÉ ITALIENNE POUR L'ÉMANCIPATION DE LA FEMME

à Lorino (Italie)

Monsieur,

Permettez-moi, à moi Membre d'honneur de votre Société, de vous offrir publiquement la pièce que je vous adressai le 31 Mai 1871.

Je maintiens, aujourd'hui, ce que je vous disais alors : — « Bien que le temps ne soit guère à la poésie pour ceux qui ne « jugent que d'après les apparences ; dans la situation où nous

« sommes, nous, Français, tout homme ayant en lui une fibre « patriotique doit la faire vibrer pour son pays. »

Si faible, si inaperçu que soit le tintement de la plus petite clochette au milieu du bruit du plus gigantesque carillon, son écho existe, et, en se confondant avec ceux plus forts que lui, il accomplit son mandat, dans la mesure du pouvoir qui lui est dévolu comme tapageur vertigineux.

Si faible, si discordante que soit ma voix au milieu de celles plus puissantes qui s'occupent de ma patrie, elle en aura bien mérité; parce que ses accents, partis du cœur, arriveront à quelques âmes nobles et généreuses et réveilleront en elles l'amour sacré du pays.

La Plume Blanche, vous le savez, Monsieur, vous est arrivée en un moment où notre pauvre France saignait sous les plaies de tous genres qui lui avaient été faites.

Les souvenirs renfermés sous cette poésie, si légère par la forme, sont doux et tristes à mon cœur.

Deux époques, terribles pour moi, se cachent et se développent dans ces strophes :

Un insensé et fatal amour en inspira, jadis, une partie;

Et, pour mon pays désolé, abattu, ruiné, souillé par la guerre civile, je fis, l'an dernier, le complément de cette pièce, dont un léger duvet, voltigeant dans mon appartement, fut, autrefois, le vrai créateur.

Puissent tous les cœurs être à l'abri des orages qui ont assailli le mien!...

Puissent toutes les patries ne pas être exposées aux tempêtes si terribles dont ma chère patrie a été, hélas! la victime!... car, vous ne l'ignorez pas, Monsieur, *væ victis*!... toujours.

Mai 1872.

LA PLUME BLANCHE

Petite plume blanche
Dont le duvet se penche
 Et s'arrondit,
L'espace, où tu te berces
Et l'air que tu traverses
 Que t'ont-ils dit?

T'ont-ils dit que la terre
Était toujours, ma chère,
 Pleine de fiel?
T'ont-ils dit que sans doute
Tu cherchais une route
 Menant au ciel?

T'ont-ils dit que l'orage
Ébranlait le courage
 Du pèlerin;
Et qu'en la nuit sans voile
Il ne faut qu'une étoile
 Pour le marin?

T'ont-ils dit que la France,
Croyant voir l'espérance
A l'horizon,
Cruellement surprise
A vu, triste méprise,
La trahison?

T'ont-ils dit que l'Europe
Voyait, comme un myope
Sans dévouement,
La sanglante hécatombe
Qui n'aura qu'une tombe
Pour dénouement.

T'ont-ils dit... Mais l'espace
Pour qui, seulement, passe
N'a pas un mot;
Et la voix de la brise,
Sous tout choc qui la brise,
S'éteint bientôt!

Puisqu'en ton vol céleste
Tout, auprès de toi, reste
Silencieux;
Que tout chant éphémère,
Que toute plainte amère
Te suive aux cieux!

Et si tout bruit profane,
O plume diaphane!
Est une loi,
Que la voix du poète,
Que ton sort inquiète,
Parvienne à toi :

Est-ce une main bénie,
Est-ce un mauvais génie,
Ou le hasard,
Dont l'invincible chaine,
T'accompagne ou t'entraine
Loin du regard?

Viens-tu de l'Angleterre
La mercantile terre
Au ciel brumeux?...
Viens-tu de l'Allemagne?...
Pour elle Charlemagne
Est-il fameux?

Fuis-tu la grande ville
Où la guerre civile,
Qui brise et mord,
Furieuse, promène
La vengence et la haine
Avec la mort?

....
....

N'importe qui t'envoie
Sur cette immense voie,
La nuit, le jour,
Vole vers l'Italie
Et, là, pour ma patrie,
Parle d'amour!

18... et 1871.

LA FIANCÉE DU MOBILISÉ

A MONSIEUR J. SÉNAMAUD, JEUNE

(Charcutier-poète)

Auteur *du... de... des... etc... etc... etc...*
Membre correspondant ou honoraire des sociétés artistiques ou littéraires *de... des... du... d'... etc... etc...*

Mon cher Monsieur,

C'est parce que vous avez été *un mobilisé* et que vous avez fait une partie de la triste campagne de France de 1870-71 que je vous présente cette pièce où j'ai essayé de dépeindre la situation dans laquelle ont dû se trouver bien des cœurs aimants.

Aux aveux les plus sincères faits par une femme, que je suppose être assez intelligente pour comprendre la situation terrible dans laquelle nous nous sommes trouvés, je joins l'amour de la patrie qui, s'il eût été inculqué de longue date dans *tous* les cœurs, eût produit, inévitablement, des résultats autres que ceux atteints dans l'affreuse guerre de laquelle notre pauvre France n'est sortie que mutilée.

Dédaignant l'amour des *gros* noms, à l'ombre desquels vous vous plaisiez à étaler le vôtre, ne vous attachez plus qu'à celui de *la Patrie*... Les porteurs de grands noms disparaissent ou tombent, quelquefois ignominieusement, nous le savons.

Le nom de *la Patrie* doit être toujours sacré, toujours grand, parce que *la Patrie*, comme tout ce qui est noble et sublime, doit être éternelle.

L'amour pour tous doit remplacer désormais, chez les cœurs généreux qui osent parler pour l'humanité, *la préférence* qu'ils avaient *pour un* ou *quelques-uns*.

Mai 1872.

LA FIANCÉE DU MOBILISÉ

ROMANCE SENTIMENTALE

Air : Elle me pleurera.

J'avais fui de l'amour les atteintes cruelles,
Mon cœur n'avait battu que d'un naïf émoi.
En vain on me comptait dans le rang des plus belles,
Je m'ignorais, alors qu'on s'occupait de moi.
Après Dieu, dans mon cœur, j'apercevais ma mère :
Pour elle étaient toujours mes baisers et mes soins;
Mais lorsque je t'eus vu, bonheur trop éphémère!
J'aimai ma mère et Dieu... mais... je les aimai moins !...

Ton chagrin se reflète en mon âme meurtrie,
Mais, quoique simple femme, en ce jour de danger,
Je sens bien qu'avant moi doit passer la patrie...
Je t'attendrai... va... pars... cours vite la venger.

Nous allions être unis lorsque survint la guerre,
Notre bonheur, hélas ! on dut le retarder.

Au péril d'aujourd'hui nul ne s'attendait guère.
Sans peur, puisque il existe, il faut le regarder.
Adieu nos doux projets !... adieu nos charmants rêves !...
Adieu nos entretiens pleins de mots égarés !...
Il faut, malgré nos pleurs, que nos plaintes soient brèves.
Nous ne formerons qu'un... bien qu'étant séparés.

Ton chagrin se reflète, etc.

Comme toi, tes amis, tes compagnons, tes frères,
Sans l'avoir pressenti vont devenir soldats...
Acceptant du destin les arrêts arbitraires,
Devenez des lions en allant aux combats.
Pour ton cœur ces deux mots : *Patrie* et *Fiancée,*
Doivent être un garant de meilleur avenir.
Tu seras constamment présent à ma pensée...
Pour broyer l'ennemi garde mon souvenir.

Ton chagrin se reflète, etc.

Nuit de garde du 10 au 11 Décembre 1871.

LES ANTHROPOPHAGES

A MADEMOISELLE MARIE L...

Mademoiselle,

Lorsque le vendredi, 29 mars dernier, vous me fîtes demander à vous composer quelque chose pour dire ou raconter à un repas, je vous fis promettre et vous promis cette chose à vous-même; mais, l'avouerai-je, ici ?... vous m'embarrassâtes étrangement.

Vous m'aviez déclaré être incapable de chanter (l'instruction, même musicale, ne donne pas la voix), et vous comptiez sur moi pour suppléer, en cette circonstance, à ce que la nature, ingrate à votre égard, sous ce rapport, vous a refusé.

La brusque transition qu'éprouvait ma chétive intelligence l'assombrit un instant; mais, je l'avoue, cet instant fut court.

Il me fallait suspendre le chant de cet amour qui s'éveilla en moi, *pour la Patrie,* lors de la discussion sommaire de l'affreuse guerre qui, je le voyais déjà, allait conduire notre pauvre France à la ruine, ne pouvant l'entraîner au déshonneur.............

....

Je déclare n'avoir fait, du vendredi 29 au dimanche matin 31 mars, jour de Pâques, que les huit premiers vers... mais, ce jour, levé et parti de bonne heure de chez moi, j'allai chez des amis... là, je trouvai mon sujet... Je me renseignai sur les mœurs d'une certaine peuplade et, le croirait-on? je me trouvai plus à l'aise pour vous tenir parole.

Au fond de l'obscurité du sujet que j'allais traiter j'aperçus, coïncidence bizarre qui paraîtra aussi ridicule qu'impossible à tous ceux qui ne veulent voir que des fous dans les poètes, j'aperçus, dis-je, *ma Patrie*, le peuple dont je suis l'enfant et dont je veux être le chantre... *s'il me comprend et m'encourage.* Je vis à l'horizon, hélas! trop limité, de mon étroit cerveau, *la force primant le droit, l'égoïsme sacrifiant tout pour satisfaire ses appétits honteux...* Je vis, au milieu des nuages dans lesquels cabriolait mon esprit, se dessiner *vaguement* les *trentième* et *trente-unième* vers; puis, sous l'épais voile d'une grosse bouffée de fumée s'échappant au galop de ma pipe, (*ma pipe!..* ô honte!.. *o tempora!... o mores!!...*) je vis *distinctement* le vers qui se trouve être le *soixante-quinzième...*

Pour le coup, ma pièce fut comme faite, je ne la quittai plus et, à midi, *Les Anthropophages* étaient terminés.

Après vous avoir remis copie de cette pièce, je la livre au public. Puisse-t-il, sous la forme badine que j'ai employée, remarquer un peu la part de fond sérieux que j'ai voulu y mettre!.. Puisse-t-il, surtout, apprécier l'amitié que j'ai vouée à tout ce qui vient d'Angoulême dont vous êtes, Mademoiselle, et dont était mon pauvre père qui n'est plus!...

Mai 1872.

LES ANTHROPOPHAGES

RÉCIT DE TABLE

POUR UNE DEMOISELLE QUI NE PEUT PAS CHANTER.

Il faut qu'ici chacun apporte son tribut
De chants ou de récits... Se distraire est le but
Que chacun se propose et que notre hôte exige.
Avec si douce loi jamais je ne transige.
Pour moi les gais refrains ont toujours des appas.
J'aime beaucoup le chant, mais... je ne chante pas.
Ma voix, pour la musique, hélas! est enrouée.
Je ne chanterai pas... dussé-je être rouée...

Mais si vous voulez bien m'écouter un instant,
Je vais, en peu de mots, d'un drame palpitant
Que, seule, je connais, vous raconter l'histoire.
Bien qu'ignoré, le fait, je le jure, est notoire.
Cette réunion, mon Dieu ! m'y fait songer...
Rien, dans mon court récit, ne sera mensonger.
Par mon intention je suis très respectable.
Les convives sont gais, bien servie est la table ;

Si votre doux entrain par moi se laisse choir,
J'en demande pardon... Prenez votre mouchoir
Pour essuyer vos yeux...
Ceci dit, je commence :

Il était une fois (aimant fort la romance)
Un de mes bons voisins qui s'éprit, un beau jour,
De deux jeunes époux, pauvres, mais pleins d'amour.
Le budget du voisin avait très peu de marge.
Malgré sa gêne il prit les époux à sa charge,
Les installa chez lui, les traita comme siens,
Leur fit mille amitiés, les inonda de biens,
Et, pour prix de ses soins, à ce jeune ménage
Il réclama du chant pour tout le voisinage :
Car l'époux roucoulait comme un vrai Tamberlick.

Quels scélérats, parfois, captivent le public !...
Mais, lorsqu'ils sont connus l'horreur les accompagne.

Or, mon voisin, un jour, partit pour la campagne.
Il devait y rester quelque temps... près d'un mois...
Il me recommanda de visiter, parfois,
Ses deux chers protégés... Je fis mieux... Dans ma chambre
Je les pris...
Nous n'étions pas encore en Septembre,
Et l'épouse, une blonde à l'œil noir et brillant,
Semblait triste... L'époux était plus pétillant,
Il chantait ses chansons toujours à l'habitude...

Pour connaître les cœurs il faut beaucoup d'étude.

Une épouse souffrante, un mari toujours vert
Produisent triste effet sous le même couvert.
J'avais devant les yeux ce pénible contraste...

La caste masculine est une ignoble caste !

Durant un demi-mois l'épouse se coucha,
Souffrit pour être mère... et cela la toucha !...
Moi, je ne m'aperçus de sa mésaventure
Que quand mon œil, surpris, vit sa progéniture.

Elle ne souffrait plus... *elle* avait un enfant !...
Lui, de les voir tous deux, paraissait triomphant.
Tout semblait présager, chez ce couple fidèle,
Que des meilleurs parents il serait le modèle.

O tromperie infâme !... ô dépravation !...

Le lendemain du jour de cette ovation
Faite à leur premier-né, ces coquins, ces canailles,
Du fruit de leur hymen déchirant les entrailles,
Firent un bon repas de leur innocent fils !...

Je les aurais tués... Voilà ce que je fis :
Les prenant en dégoût, tremblante de colère,
Je les chassai bien vite...
En mon cœur je tolère
Quelques légers écarts, quelques petits larcins ;
Mais conserver chez moi de pareils assassins !!!
Non, non, mille fois non... plutôt aller à Rome
Pieds nus... ou, s'il le faut, même, embrasser un homme !...

Je remis, ne voulant en venir à ce point,
Les deux bandits chez eux... en leur montrant le poing.
Mon voisin, justement, achevait sa tournée
Et devait revenir chez lui dans la journée.

Il revint... Rencontrant un ami, par hasard,
Ils dînèrent ensemble et... se quittèrent tard...

J'avais, dans le logis des sanguinaires êtres,
Pour renouveler l'air ouvert les deux fenêtres.

Cette précaution aux deux monstres nuisit.
Dans l'ombre un autre gueux près d'eux s'introduisit...

Les crimes, très souvent, sont punis par eux-mêmes !...
Que de blasphémateurs sont morts sous les blasphèmes !...

Notre saturnal couple eut sa punition
Exemplaire, terrible et sans rémission.

Quand le voisin rentra, sous ses pieds un obstacle
Le rendit circonspect...
Pour lui, dieux, quel spectacle !
Ses chanteurs étaient morts... Souvenir écœurant !...
Les dévoreurs avaient trouvé leur dévorant.

Car MINET, Angora pourtant très flegmatique,
Qui, dans tout le quartier, passait pour asthmatique,
Dont les traîtres regards semblaient toujours sereins,
Avait, bien bel et bon, croqué *les deux* SERINS *!...*

Mai 1872.

LES BARDES DE L'AVENIR

A ÉVARISTE CARRANCE

Cher confrère,

Ta romance : *Adieu rêves dorés !* a su inspirer au jeune compositeur, ton ami Lodoïs Lataste, une mélodie qui, par ses sympathiques accords, a rendu tes paroles populaires.

Je me suis pris la liberté grande de m'emparer de cet air gracieux et d'adapter à ses notes des paroles qui, parties de mon cœur, me paraîtraient mieux atteindre leur but si je les entendais sortir de toutes les bouches.

Puissent *Les Bardes de l'avenir* rencontrer des échos et des imitateurs !

Puissent tous ceux qui chantent *Adieu rêves dorés !* prendre ma chanson en amitié, à cause de la route qu'elle indique aux chansonniers de tous les genres, et je bénirai le poète et le musicien qui m'auront procuré le moyen d'être agréable à mes compatriotes, tout en suivant la voie, hélas ! trop peu frayée, dans laquelle mon cœur et ma tête se sont librement engagés :

Faire aimer ma Patrie comme elle mérite de l'être, comme je l'aime.

Mai 1872.

LES BARDES DE L'AVENIR

CHANSON PATRIOTIQUE

Air : Adieu rêves dorés.

Notre France n'avait nulle part sa rivale,
A l'univers entier nous imposions nos lois.
Et, maintenant, grands dieux ! l'étranger nous ravale.
Il nous traite, l'infâme, en bâtards des Gaulois !...

Espoir, Gloire, Bonheur, à la France meurtrie !
De ses futurs succès soyons les échansons.
BARDES, versons à flot l'amour de *la Patrie,*
Et faisons refleurir romances et chansons.
En faisons refleurir (bis) romances et chansons.

De nos naïfs refrains d'amour et de vaillance,
De nos joyeux accords il ne reste rien plus.
Les voix, comme les cœurs, tombent en défaillance :
Du corps et de l'esprit nous paraissons perclus !...

Espoir, Gloire, Bonheur, etc.

Tout voyage a son terme et tout deuil ses limites.
On nous a fait subir les plus sanglants affronts !
Faut-il, pour les laver, nous faire tous ermites ?
Non !... soyons tous soldats et relevons nos fronts.

Espoir, Gloire, Bonheur, etc.

Dissipons les ennuis, consolons la souffrance ;
Fêtons de l'avenir le meilleur lendemain ;
Sifflons les apostats trafiqueurs de la France ;
Chantons, tendant à tous une loyale main.

Espoir, Gloire, Bonheur, etc.

Chantons... Le chant sourit à toute âme française.
Mais plus de ces refrains brisant cœurs et genoux.
Il faut que tous nos chants *sentent la Marseillaise*
Et que l'humanité les répète avec nous !

Espoir, Gloire, Bonheur, etc.

Mai 1872.

REMEMBER...!

AU COMITÉ PERMANENT DE LA GIRONDE

DE LA SOCIÉTÉ DES SECOURS AUX BLESSÉS MILITAIRES.

Qui sait ce que pour nous réserve l'avenir ?
(Extrait d'un poème inédit ayant pour titre :
Un petit drame dans le grand).

Qui donc, en ce moment, parle d'opinions ?
Qui met le désaccord dans nos réunions ?
Qui, jaloux d'un repos que l'incertain redouble,
A notre abattement vient ajouter le trouble ?...

A coup sûr ce ne sont que des cœurs sans orgueil ;
Que des gens oublieux de notre immense deuil ;
Que des êtres naïfs, des têtes sans cervelles,
A nos calamités en joignant de nouvelles.

Au nom de *notre* France arrêtons ces débats !

En scrutant froidement et le haut et le bas,
Nous trouverons le mot de nos échecs horribles...
Apprenons des Germains les rancunes terribles ;
Puis, si ce n'est pour nous, pour ceux qui nous suivront

Et qui, l'histoire en main, plus tard, nous jugeront,
Nous redeviendrons forts et dignes de nous-mêmes !

Nos angoisses, nos pleurs, nos désespoirs suprêmes,
Ne doivent point, pour nous, se changer en remords...
Gardons-nous d'oublier !...

Il faut songer aux morts !
A ceux qui, l'œil hagard et l'âme, hélas, flétrie,
Sont tombés disputant le sol de la Patrie !
Il faut songer à ceux qui *devront* les venger !
A ceux qui, blémissant sous le joug étranger,
Refoulent dans leur cœur tout le sang de leurs veines
Pour, au moment choisi, faire escompter leurs peines !...
Il faut imiter ceux qui bravant les autans
Et la mort (1) ont offert leur personne, leur temps,
Pour aller secourir, pour aider de la bourse,
Les combattants meurtris, égarés dans leur course...

En gravant dans nos cœurs un sanglant souvenir,
A venger le passé préparons l'avenir.

On peut voiler l'éclat du soleil de la France,
Mais on ne l'éteint pas !...

Oh ! non... car l'Espérance,
Cette sœur de l'Amour et fille de la Foi,
S'apprête à remplacer l'affreux *chacun pour soi*
Par le *chacun pour tous*... qu'on trouve, en faits austères,
Dans l'*Œuvre des secours aux blessés militaires*.

Juillet 1872.

(1) M. Francis de Luze, Directeur de l'Ambulance girondine, est mort à l'armée de la Loire.

M. Ferdinand Desqueyroux, de l'Ambulance du 25e régiment des Mobiles girondins, est mort en Suisse.

VOLÉ !

A ALFRED ÉPARDEAUX,

PROFESSEUR DE MUSIQUE A ANGOULÊME.

UNE ASSOCIATION OCCULTE.

Parlons bas, parlons bas,
Ici près, j'ai vu Judas.
(BÉRANGER).

Poète, tu l'as dit, tout chante, tout murmure.
(PAUL HIRIGOYEN A HENRY NADAUD).

Ami,

Laissez-moi prendre mes aises avec vous comme avec le public, auquel, pourtant, ma première préoccupation doit être de plaire.

Vous faites partie intégrante de ce public et vous avez souri à l'amicale boutade que m'inspira une contrariété presque enfantine.

Pourquoi le public ne sourirait-il pas, lui aussi, de voir tout ce qu'une petite photographie, indignement maculée, a fait éclore sous ma plume partageant les crispations de ma main et de mon cœur ?

Il ne m'en voudra pas, ce public avide d'émotions de tous genres, de l'initier à une de ces courtes, mais profondes et fréquentes tempêtes, qui se passent en moi lorsqu'un éclair rétroactif me rappelle ce que nous avons été, ce que nous nous figurions encore être et... disons-le, ce que nous sommes aujourd'hui!...

. . . .

Sursum corda !

. . . .

Et dire que je viens de piquer tous ces points, justement pour déchirer un petit nuage qui se formait devant mes yeux.

Ce nuage allait devenir le précurseur d'un de ces orages transformant ma cervelle en lave brûlante, faisant croire à mon cœur éperdu que sous mon crâne est un vésuve dont les éruptions menacent de devenir gênantes, sinon dangereuses, pour lui.

Il vaut mieux parler pour le public et pour nous, n'est-ce pas, Alfred ?...

Une douche de sang-froid, administrée par la raison à mon esprit rétif, me ramène, presque subito, au point de départ de ces lignes.

J'aime à me ressouvenir de cette petite et paisible chambre que j'occupais, l'an dernier, dans les combles de *la Maison Blanche*, sur la place du Mûrier, à Angoulême.

La solitude et la liberté absolue dont j'y jouissais, me faisaient complètement et avec plaisir oublier la perte de cet héritage fictif qui m'avait appelé sur les bords de la Charente.

Je vois, toujours présent à ma mémoire, ce splendide grenier, dans lequel on n'avait su trouver que deux petites chambrettes, et duquel, plus tard, peut sortir un fort joli appartement.

La première fois que vous me conduisîtes dans cette chambre, en m'offrant de la prendre pour vous et de me céder la vôtre propre, je compris le travail qui avait été fait pour me recevoir.

Les traces des ordres et de la main d'une soigneuse ménagère apparaissaient partout, malgré la modestie naturelle qui croyait les dissimuler.

Ce vaste grenier était fastueusement approprié.

Tout ce qu'il pouvait contenir d'objets divers, usés, dégradés, rejetés, ou ne pouvant servir qu'à un moment donné ; tout cela, dis-je, soigneusement entassé dans un coin, formait une pyramide kaléïdoscopique, dont quelques planches, placées de champ, maintenaient la base, grâce à leur primitif assemblage.

Que d'anciennes splendeurs, à la fin usées par le temps, ne se maintiennent encore que sur leur base vermoulue !... et, malgré leur forme toujours pyramidale, en y regardant de près, point n'est besoin de scalpels ni de loupes pour voir qu'*elles ont été*, c'est vrai, mais qu'*elles ne sont plus*... que des ruines...

Et tout cela à propos d'un recoin de grenier !...

Eh bien ! je l'aimai ce recoin... Je l'aimai sans le connaître... Je devais sentir, d'intuition, qu'en son opacité poussiéreuse et presque insondable je trouverais, un jour, quelque chose.

Tant qu'à ma petite chambre, la plus gracieuse des deux filles du grand grenier, mon cœur s'épanouit en la voyant !

La pendule-réveil, dont vous m'avouâtes franchement l'obstiné mutisme et la perpétuelle immobilité, sembla, dans mon cœur ému, donner un formel démenti à vos paroles. Les sons, sans échos pour vous, qui s'échappèrent d'elle, furent répercutés par mon âme et, (ô ingratitude et pusillanimité !) je ne me formalisai pas de ce démenti mystérieux que je croyais entendre et que, certes, vous étiez loin de soupçonner, mon ami.

Du reste, je fus bien autrement distrait lorsque je remarquai l'unique petit tableau qui se trouvait là !...

Si la pendule-réveil, par l'immobilité matérielle de son mécanisme, semblait faire la nique au Temps, toujours si pressé d'étouffer les heures à mesure qu'elles éclosent, en revanche, le tableau placé au-dessus d'elle offrait l'image vraie du mouvement, de la vie.

Ce père et cette mère faisant *La Leçon* à leur tout jeune enfant semblèrent, pour saluer ma bienvenue, joindre leurs voix aux gestes que le dessinateur leur a donnés.

Nous causions. Vous me parliez. J'étais assez gracieux pour vous répondre, n'est-ce pas, Alfred ?... Eh bien !... je n'étais pas avec vous, mon ami... J'étais avec ceux dont j'allais devenir le compagnon.

Si mes souvenirs ne me font pas défaut, les deux grandes figures du tableau m'initièrent, presque tout d'abord, à *La Leçon* qu'elles donnaient à leur jeune et charmant bébé.

Je dois convenir, Alfred, que mon introduction dans l'intimité de cette famille ne fut pas aussi instantanée que j'ai l'air de le dire, chez les trois personnages la composant.

Je fus remarqué, à mon entrée dans la chambre, par la mère de famille. Elle jeta sur moi un regard où la méfiance se mêlait à la curiosité.

Première impression que je produisis : *trouble.*

Au mouvement de sa mère se rapprochant de son père, le petit garçon tressaillit et si l'obéissance aux ordres et aux désirs paternels ne l'eût cloué à la place qui lui avait été assignée par le peintre, nous aurions vu Monsieur Bébé se précipiter dans les bras des auteurs de ses jours.

Seconde impression que je produisis : *effroi.*

Diable ! diable !... mais c'est que ça n'allait pas bien du tout pour moi.

Je voyais le moment où, pour ne pas jeter le trouble dans un ménage si paisible et habitué à la salutaire agitation du vôtre, Alfred, j'allais être forcé de prendre votre plus luxueuse mais moins tranquille chambre.

Ah ! c'est donc ça qui aurait été malheureux !...

Par bonheur que le père de famille, en voyant la préoccupation de sa femme et de son fils, voulut en connaître la cause.

Il se tourna vers moi.

Son limpide regard, autant scrutateur que sévère, se fixa dans le mien, où j'ai toujours essayé de faire se refléter mon cœur.

Après un examen rapide il se retourna vers sa famille et sembla

leur dire : — « Cet homme est un ami... C'est un Français...
« Aimez-le. »

Ainsi, la troisième impression que je produisis fut : *la confiance.*

Cette confiance, de l'acteur principal de la scène représentée par le tableau, gagna ses deux aimés compagnons et, juste au moment où vous me laissiez, mon ami, pour me donner ma liberté en prenant la vôtre, la conversation silencieuse interrompue par mon arrivée inattendue reprit son cours.

O prescience fatale et sympathique !... les premiers mots me firent comprendre ceux dits précédemment.

— « C'est convenu! » exclama le père en s'adressant à sa femme et, d'un geste, désignant son fils, — « C'est convenu! mettant de « côté ta puérile crainte de l'avenir et la douleur que tu partages « avec les mères qui, l'ayant été avant toi, souffrent des souf- « frances qu'ont endurées leur fils; tu inculqueras dans l'âme du « tien l'amour sacré de *la Patrie*, cet amour dont on s'est, hélas ! « si superficiellement préoccupé jusqu'à ce jour.

« Tu ne lui feras pas repousser systématiquement tout ce qui « viendra de chez nos rivaux, si fiers aujourd'hui.

« Tu ne l'habitueras pas à grimacer, à faire des contorsions « grotesques, des gestes saugrenus, et à pousser des exclama- « tions d'une ventardise autant ridicule que déplacée, lorsque le « nom de nos farouches vainqueurs sera prononcé devant lui.

« Ce n'est pas par la haine que nous, Français, devons préparer « notre revanche.

« Une voie plus humaine et plus sûre nous est ouverte et cette « voie c'est *l'Instruction.*

« L'INSTRUCTION *est inconsciemment réclamée par l'ignorance « même qui, lorsqu'elle traverse une grande cité et se frotte « quelque temps contre elle, garde toujours l'empreinte de cet « intelligent contact...*

« *L'Instruction*, chez un peuple comme nous, Femme, nous « replacera bien vite au niveau moral... que nous n'aurions ja- « mais dû perdre...

« Éclairée, notre intelligence nous fera apprécier les forces « vives qui sont en nous.

« Loin d'employer ces forces à reprendre brutalement ce que « la force brutale nous a enlevé, nous nous en servirons comme « d'un levier pour ramener à nous nos frères ravis, et attirer, « même, leurs ravisseurs.

« *L'Instruction*, en nous mettant en mesure de nous servir de « nos forces, les fera indubitablement connaître aux autres.

« Nous pourrons nous faire craindre, c'est vrai ; nous pourrons, « pour nous venger et rattraper ce que nous avons perdu, faire « encore couler des ruisseaux de sang et des fleuves de larmes, « c'est encore vrai ; mais... serions-nous beaucoup plus avancés, « Femme ?

« Ces luttes fratricides, ces rancunes séculaires dont nous « venons d'être les malheureuses victimes, profitent-elles « beaucoup au peuple proprement dit ; à ce peuple des mains « duquel presque tous les ouvrages sortent ; à ce peuple dont, « *dans toutes les conditions*, on soutire le bénéfice pour en faire « bénéficier ses exploiteurs ?...

« Non ! non ! *le*, ou plutôt *les peuples;* ceux composant ce qu'on « appelle *les peuples*, n'ont rien à gagner à ces sanglants conflits...

« L'humanité ne doit pas avoir été créée pour, de revanches « en revanches, noyer tous les siècles dans des gouffres de dé- « solations !

« Réclamons *l'Instruction*, Femme..... Réclamons-la avec « instance... Parlons d'elle comme nous parlons de l'Être-Su- « prême, de Dieu : avec respect, amour et foi..... et le petit « bambin qui m'écoute ou feint, par soumission, de m'écouter, « unira, plus tard, sa voix à la nôtre... et il la réclamera, lui « aussi, parce qu'il nous aura tellement entendus parler d'elle « avec amour qu'il l'aimera sans la connaître.

« Il nous aura tellement et si souvent entendus dire que l'*Ins- « truction* donnait la force en enseignant l'art d'aimer et de se « faire aimer, qu'il voudra devenir fort lui aussi, et qu'il voudra « être aimé.

« L'amour seul donne la vraie et durable force.

« La haine ne donne qu'un courage factice qui s'évanouit « sitôt les rêves de vengeance accomplis.

« La force que donne l'amour ne peut produire que le sublime « lorsqu'elle se rencontre avec une force de même nature.

« Le courage que donne la haine ne doit engendrer que « l'horrible lorsqu'il se heurte contre un courage analogue.

« Lorsque *l'Instruction*, fatalement arrivée aux peuples, *par* « *l'école des revers*, leur aura enseigné ces choses que je viens de « dire et que tout cœur généreux sent en lui, Femme, les « hommes n'hésiteront pas sur la route à suivre : celle de « l'amour. »

... .

Le langage muet du père de famille parut s'arrêter.

Soucieux et pensif, j'oubliai tout à fait, cher Alfred, mon sac de voyage à ouvrir et le changement de costume que le décorum m'imposait.

Aussi immobile que le groupe se trouvant devant moi, j'en partageai l'émotion et le silence.

La Leçon que le père de famille venait de donner et qui, germe fécondant, venait d'entrer pour la première fois dans l'esprit de son jeune enfant, n'était perdue ni pour ce dernier ni pour moi... Je me promis, moi, homme de 49 ans, de n'en rien oublier et de la répéter à d'autres, afin qu'ils en profitassent comme moi.

J'avais bien quelques réflexions à faire, quelques objections à formuler sur ce que je venais d'entendre... et... qui sait?... peut-être allais-je interpeller le tableau, lorsque je crus entendre la douce voix de la mère disant :

— « Oui, mon ami, je comprends très bien ce que tu dis, mais... « je ne m'explique pas aussi facilement ce que tu veux dire.

— « Voyons... Quoi?

— « Voici : Je ne puis séparer, dans mon cœur de mère, la « force se faisant respecter et l'amour se faisant obéir.

« Pour moi ces deux choses n'en font qu'une.

« Je les confonds tellement ensemble que, tout en désirant que « notre fils soit robuste et fort, je né cesse de lui prêcher, tout « jeune qu'il est, l'amour pour les autres, l'oubli des injures et « le recul devant les querelles.

« Mon fils peut bien être fort, mais sa bonté, son amour, sa « mansuétude pour tout le monde doivent plus que suffire pour « le faire respecter.

« Donc, force et amour ne font qu'un... mais l'amour doit « l'emporter sur la force.

« Il est si doux d'aimer et d'être aimé, n'est-ce pas, ami? »...

A ces derniers mots, il me sembla voir la femme incliner sa tête, auréolée par l'amour maternel identifié à l'amour conjugal, vers celle de son mari... Je crus entendre l'écho du plus tendre baiser paternel déposé sur son front pur et toujours virginal dans sa maternité...

Comme une fleur qui, après s'être gracieusement inclinée pour recevoir l'effleurement passager d'un papillon, se relèverait plus radieuse et montrerait dans un plus vif éclat ses couleurs, un instant confondues sous celles de son aérien amoureux; la mère, en relevant sa jolie tête, me parut plus charmante encore qu'auparavant.

Un incarnat plus vif colorait ses joues et, par ma foi, je crus voir, sous un coup-d'œil furtif qu'elle me lança, une ombre de contrariété... celle, probablement, de me savoir témoin de l'incident.

Je feignis n'avoir rien vu, et le père, paraissant rappeler le commencement de *La Leçon* donnée, reprit ainsi :

— « Je sais, Femme, que tu es tout amour et que tu comprends « qu'un homme *fort*, *robuste*, (comme tu dis) peut se faire aimer; « mais je sais, aussi, que *justement à cause de cela*, tu es assez « disposée à donner à ton fils un genre d'éducation dont *j'ai* « *failli*, *plusieurs fois*, *dans mon jeune âge*, *être la victime*... « Or, je ne veux pas, entends-tu bien, Femme, *je ne veux pas* « que *mon fils* se heurte aux misérables écueils que ma respec-

« table mais trop faible mère, *sous ce seul rapport*, avait, comme « à plaisir, semé sur ma route d'enfant et de jeune homme.

« Loin de chercher à faire concentrer en ton fils une force « connue de vous deux seuls, tu devras travailler à l'augmenter « et à la faire connaître, indirectement, aux autres.

« Sa force physique, accrue par les exercices devant faire « partie intégrante d'une éducation virile, sera utilement em- « ployée par *l'Instruction* et lui donnera la force morale... qui « est la vraie.

« Celle-ci fait respecter, celle-là fait craindre.

« Or, Femme, ce n'est pas celui dont la force brutale, physique, « entretient la crainte chez les autres, qui est le plus apte à se « sortir d'un danger, provoqué souvent par *son ignorance* ou « *son orgueil*... A un moment donné, ceux qui le craignaient « l'abandonnent à plus fort que lui lorsque l'occasion se pré- « sente, ou s'associent pour le terrasser lorsqu'ils ont trop de « vexations de tout genre à venger.

« Ainsi tu dois voir, Femme, qu'à ce point de vue de la force « brutale, *la crainte* qu'on dit être *la sœur de l'amour*, peut se « trouver, en bien des cas, considérée comme *l'avant-courrière* « *de la haine*.

« Inculque profondément ces principes dans le cœur de notre « enfant.

« Habitue-le toujours à ne jamais provoquer.

« Habitue-le toujours aussi, comme tu le veux, à oublier les « injures *après les avoir pardonnées*; mais, *avant* et *tant qu'il* « *ne sera pas le provocateur*, habitue-le à ne se point laisser « insulter.

« Habitue-le à faire sentir aux autres qu'il n'est point dupe du « hasard qui les a faits plus forts que lui ou de la fatalité qui « l'aurait rendu assez inepte pour ne pas comprendre le mépris « caché sous toute insulte imméritée.

« Les êtres malmenés à cause de leur faiblesse de corps ou « d'esprit, comme ceux dédaignés à cause de l'infime position « dans laquelle ils sont maintenus par l'arbitraire et la partialité,

« ne sont, *en aucun cas*, DES DUPES; ils sont *toujours* DES « VICTIMES.

« Si tu élèves ton enfant dans un sens différent à celui que je « t'indique, Femme, tu l'exposes à le rendre la victime innocente » et résignée de tous les méchants, qui, *pour le plus grand* « *nombre*, ne le sont que par la crasseuse ignorance dans laquelle « on les laisse, hélas! trop insoucieusement se vautrer.

« Et, note bien, Femme, que *l'Instruction*, répandue à flots sur « toutes les intelligences, serait le contre-poids obligé de cette « espèce de loi du talion dont je proclame *hautement* l'utilité.

» Mais, la vraie loi du talion ne se rencontrera pas plus dans « *l'Instruction* que celle obligeant l'homme à prendre les coups « pour des caresses et les insultes pour des compliments.

« Ces monstruosités, proclamées audacieusement et acceptées « bénévolement, seraient autant d'affronts faits à la raison et à « la morale.

« *Les hommes comprenant, par eux-mêmes*, les *vrais avan-* « *tages de la force* EMPLOYÉE A FAIRE LE BIEN, *et les redoutables* « *conséquences de celle mise* AU PROFIT DES PASSIONS, *engendrées* « *par un sot ou un fol amour-propre, n'utiliseront cette force* « *que pour leur bien-être particulier... et ce bien-être parti-* « *culier produira, par son individualité généralisée*, LE BIEN- « ÊTRE DE TOUS...

« Me comprends-tu maintenant, Femme?...

« Ou bien, me faudra-t-il, paraissant vouloir reprocher son « silence forcé à notre compagne fidèle *la pendule-réveil*, qui « dort si paisiblement au-dessous de nous, me faudra-t-il, dis-je, « te répéter constamment ces choses si simples; ces choses que « le gros bon sens aperçoit, mais que la mauvaise foi, ce cyclope « de l'envie, n'accepte pas ou ne veut pas avoir l'air de com- « prendre? »

— « Ami, dit l'épouse émue; ami, je voudrais bien être ton « égale en tout, si cela se pouvait!... si cela se pouvait, je serais « bien heureuse d'avoir l'initiative de ces idées pour moi claires

« comme le jour; de ces idées au fond desquelles se voit la vé-
« rité.... et le calme... si ce n'est le bonheur!...

« Mais (et, malgré moi, je constate, ici, la sincérité et l'op-
« portunité de ta thèse), mon éducation... ou le semblant d'édu-
« cation que j'ai reçue, en m'empêchant d'apprécier par moi-
« même les bienfaits de l'instruction, m'empêche, également,
« d'expliquer ce que j'éprouve, de traduire ce que je ressens,
« et de dire facilement ce que mon cœur sait si bien et depuis
« si longtemps... par cœur.

« Seulement, ami, tu as parlé plus longuement, tu t'es arrêté
« aujourd'hui plus que les autres jours sur ton sujet favori.

« Plus que les autres jours, — j'en conviens, et tu me par-
« donneras, n'est-ce pas, mon ami? — plus que les autres jours
« je t'ai écouté attentivement... et je t'ai compris... bien com-
« pris... Va!

« Ton fils sera élevé comme tu le désires, dans la limite de
« tout ce que peut-faire la mère voulant le bien-être de ses
« enfants et le bonheur de leur père.

« J'ai bien senti, va! l'immense tort que j'avais de vouloir
« faire, d'un enfant que je serai si heureuse de savoir estimé et
« aimé, un enfant craintif... habitué à redouter l'ombre même
« du danger!

« Les paroles dites par toi se sont profondément gravées, au
« fur et à mesure que tu les prononçais, dans mon cœur et ma
« tête.

« Je les ferai, lentement, mais plus profondément, peut-être,
« s'imprimer dans la tête et le cœur de notre fils.

« *Je lui ferai désirer, chérir, aimer, respecter et soutenir
« l'Instruction, qui, en lui expliquant les devoirs de chacun
« par la connaissance des besoins de tous, lui fera, pareille-
« ment, soutenir, respecter, aimer, chérir et désirer tout ce qui
« est juste, noble, grand, saint et sublime!...* »

— « C'est cela, c'est cela, Femme!

« O mon épouse bien-aimée! sois bénie pour la promesse que
« tu me fais!... sois bénie mille fois car je sens que pour moi

« c'est une douce et continuelle ivresse d'avoir pour compagne « sur cette terre, une amie dont l'intelligence inculte est assez « élevée pour si promptement saisir ce que l'expérience (cette « Instruction dont le temps et la logique sont les inflexibles « professeurs), a été si longue à m'apprendre.

« Je vivrai plus heureux, maintenant.

« Je n'appréhenderai plus la mort (qui doit ou devrait ména- « ger ta jeunesse);

« Je sais que tu feras un homme de notre fils!..

— « Je veux qu'il soit bien fort.

— « Je le veux bien courageux.

— « Pas méchant.

— « Pas provocateur.

— « Aimable pour tous.

— « Utile à tous.

— « Je veux qu'il soit bien instruit, mais je ne veux pas qu'il « devienne un vaniteux comme j'en connais tant, qui, parce « qu'ils savent quelque chose de plus que les autres, semblent « se croire avoir été créés pour éclabousser ou ridiculiser ceux « plus faibles d'esprit ou plus pauvres d'argent qu'eux.

— « Je désire qu'il soit bien instruit, moi aussi; mais *je veux*, « N'EUT-IL QUE LE SIMPLE BONS SENS, *qu'il connaisse sa valeur* « ET LA FASSE RESPECTER

« A côté des *Narcisses* orgueilleux de l'éducation ou de l'in- « telligence, il est tant d'autres *Baziles* ignorants, tant d'autres « esprits racornis, auxquels le hasard de la naissance, les protec- « tions inconscientes ou les souplesses de l'épine dorsale don- « nent la plus lâche et la plus révoltante des vanités!!..

— « Le voir heureux fera mon plus grand bonheur.

— « Le savoir heureux de voir les autres l'être, sera ma féli- « cité, ma fierté et ma gloire.

— « Et, pour que tous nos vœux s'accomplissent, ô mon « tendre ami, je souhaite qu'il soit toujours, toujours sage, bien « sag.... »

....

Patatra......

— « Aïe!.. aïe!.. aïe..! etc... »

Un bruit étourdissant, accompagné d'exclamations dont les notes élevées rappelaient presque forcément les sons les plus aigus du flageolet le plus criard, interrompit, en cet endroit, la conversation des deux époux.

Rouge d'émotion et bondissant de dessus sa chaise avec la légèreté et la souplesse de la plus délicate jeune fille, la mère se précipita, poussant elle-même un grand cri, et alla relever son enfant qui, étendu sur le dos, agitait ses petits bras et ses petites jambes en continuant de pousser, mais sans verser une larme, les *aïe*, *aïe*, *aïe* étourdissants dont l'ETC. placé plus haut a fait pressentir la non-interruption.

Tant qu'au père, après avoir vu, de son rapide et sûr coup d'œil, la gravité négative des suites de la chûte du petit braillard, il se prit à sourire et détourna la tête pour dissimuler son hilarité à l'espiègle enfant.

....

Or, voici, mon cher Alfred, ce qui était arrivé et que, seul, je puis vous raconter, en ayant été l'unique témoin !

Le discours des deux époux était instructif, amusant, même, *pour moi;* mais il n'était ni l'un ni l'autre *pour monsieur Bébé*, il faut bien le déclarer... à sa honte....

Tout oreilles pour l'entretien conjugal, j'étais tout yeux pour voir les gestes traducteurs fidèles des impressions de *Sir Baby*..

Pendant très longtemps, je crus et, avec moi, ses parents durent croire qu'il apportait la plus grande attention à leur conversation.

Sa pose, presque héroïque, rappelait celle de ces gens sérieux qui, un bras croisé sur la poitrine et l'autre ployé sous le menton, réfléchissent aux plus graves affaires ou cherchent, dans la profonde solitude de leur cerveau, la solution des problèmes les plus ardus.

Seulement (ce *seulement* est triplement indispensable, ici), seulement les affaires de *monsieur Bébé*, ainsi que les problèmes le préoccupant, tout en le forçant à être sérieux, n'avaient pu l'obliger à mettre un bras en travers de sa poitrine et à placer carrément son menton sur un poignet perpendiculairement dressé... Non, non... ses deux mains, (dont l'une dissimulait parfaitement l'autre), étaient bien placées de façon à cacher sa bouche et son menton ; mais elles ne soutenaient nullement ce dernier, et, au moment où les paroles de son père étaient traduites par sa mère, c'est-à-dire au moment le plus sérieux de l'entretien, *Bébé*, plongé dans ses réflexions, laissa retomber magistralement, sur une cuisse rose et potelée, la main qu'il avait, jusqu'ici, constamment tenue par-dessus l'autre.

Cet épais voile involontairement arraché de devant une partie du visage de *Bébé*, me le montra, lui, *Bébé*, dans toute la splendeur de son occupation :

Il tétait son pouce !...

Je dois le déclarer à haute voix : il le tétait avec une grâce et une facilité si remarquables que, n'était l'absence complète de la nourrice, aux mouvements des lèvres et aux hochements réguliers de la tête du nourrisson, on eût juré que son travail était réel et... productif...

Il est probable qu'il fût resté longtemps encore dans cette attitude, si la fin vive et saccadée de l'entretien de ses parents ne l'eût fait revenir à lui.

Alors, jugeant, par la sympathique animation des auteurs de ses jours, que le moment était venu de se montrer tout à la fois aimable et fort, il sortit son *pouce-biberon* de sa bouche, s'inclina en avant, appuya sérieusement et méthodiquement ses deux petites mains sur le sol, plaça, non moins méthodiquement et sérieusement sa jolie tête bouclée entre ses deux mains et, lorsqu'il se crut suffisamment consolidé sur ce trépied fait de lui-même, il se donna, après balancements proportionnels, le plus vigoureux élan pour faire la plus belle... cabriole que jamais bébé de 4 à 5 ans ait pu rêver dans son imagination aventureuse.

Par malheur... ô déroute fréquente des prévisions humaines !

par malheur l'acte, s'accomplissant, ne devait pas atteindre le but proposé et, accompli, il le manquait tout-à-fait.

Bébé avait rêvé une cabriole majestueuse :

Son corps s'élevant perpendiculairement dans l'espace (troublé de tant d'audace), et retombant horizontalement comme prolongement direct de la ligne droite, dont, en prenant des précautions dérivant presque de la gymnastique, il se figurait tracer le point de départ !...

Ce qu'il rêvait de faire était beau !... mais beau !... à faire naître l'envie à tous les bébés de l'imiter instantanément, quoi !...

Qui sait, si dans sa petite tête il ne voyait pas *papa* et *maman* chercher à lui prouver, (poussés par une petite pointe de jalousie), qu'ils étaient capables, eux aussi, de faire la cabriole comme lui ?...

Qui sait s'il ne voyait pas l'aurore d'une espèce de lutte de souplesse et de grâce ; lutte dont, à coup sûr, il sortirait, vainqueur, couvert des bravos et des baisers de *papa* et de *maman* ?...

Oh ! dam! mon cher Alfred, cette perspective de triomphe était tentante !...

Et moi, qui lisais dans l'esprit de ce petit héros dont la valeur n'était voilée que par une chemise écourtée dévoilant beaucoup d'autres choses, dans la position prise pour faire l'œuvre en question ; moi, dis-je, je crois que j'aurais fait plutôt et avant lui la cabriole, pour récompenser sa sagesse, d'une part, et exciter son courage, de l'autre.

Mais, vous comprenez, mon ami, que je tenais à entendre jusqu'au bout ce que disaient les auteurs de *Bébé*... qui, lui, faisait probablement ses beaux rêves.

Mais ce n'était que des rêves !... et moi, sans paraître calculer les distances aussi longtemps que lui, j'avais compris que, *bien faite*, la cabriole conduirait ses deux pieds dans le bas des jupons de sa mère...

Eh bien ! moins excusable que *Bébé*, je m'étais trompé comme lui dans mes prévisions sur le résultat final de son entreprise...

La cabriole s'effectua...!

....

....

Les longs rêves dorés se transformèrent en rapides et sombres cauchemars...

La poésie que *Bébé* espérait montrer dans le fait accompli, ne fut qu'une brutale exhibition de vérités toutes plus prosaïques les unes que les autres... car on vit... chut!... Honneur au *courage* malheureux !...

....

Au lieu de suivre la ligne circulaire, perpendiculaire et toujours gracieuse que l'enfant et moi avions rêvée tous deux, le corps de *Bébé*, me rappelant une grosse toupie lancée maladroitement et sans effet, fut tout de travers, en lignes brisées, tomber lourdement, roulant à moitié, du côté d'une chaise qui, renversée bruyamment par les deux pieds de l'enfant, avait produit l'interruption que vous savez.

La chûte de *Bébé*, je l'ai déjà dit, ne pouvait avoir aucune suite fâcheuse.

La chaise, tombée en avant, emprisonnait, dans l'angle formé par son dossier et son siège empaillé, le corps potelé de *Bébé*, qui, la figure recouverte par son court et unique vêtement, criait plutôt de peur que de mal.

Il n'était peut-être pas fâché de prévenir les observations par ses cris...

Il n'était peut-être point contrarié de sentir que sa chemise, faite pour tenir habituellement dans l'ombre ce qu'il étalait momentanément au grand jour, dérobait la honte dont son front pouvait être couvert...

Toujours est-il, Alfred, que lorsque sa mère l'eut dégagé des entraves qui ne le gênaient guère et qu'elle l'eut pris sur ses genoux pour le consoler ; toujours est-il que lorsque, sous ses baisers, elle eut effacé les traces imaginaires de larmes absentes, *Bébé* redevint joyeux et fier.

Il se blottit dans le sein de sa mère comme un petit oiseau dans son nid, en disant, de sa voix la plus caline :

— « Bonne petite mère, je t'aime bien, va!... et petit père » aussi... va!... »

Alors le père, d'un air sérieux et doux, lui dit :

— « Tu m'as très peu écouté, mon enfant, tu m'as encore moins « compris; mais bonne petite mère te remplace avantageusement « et ce que je vais te dire ici, pour terminer *Là Leçon*, elle ne « l'oubliera pas, elle.

« Elle te le répétera plus tard; tu l'apprendras par elle, et, « plus tard, encore, ceux qui l'ignoreront l'apprendront par toi.

« Il y avait une fois...

— « Oh !... c'est un conte que tu vas me conter; dis, petit « père ?

— « Non, mon fils... Mais, pour toi, je baptiserai conte une « vraie histoire.

« Écoute bien *Bébé*.

— « Oui, p'pa.

— Il y avait une fois un homme qui était un grand, grand... « (*Bébé* tressaillit sur les genoux de sa mère), bien grand ma- « thématicien... (Bébé ne tressaillait plus, il ouvrait de grands « yeux).

« Il se nommait *Archimède* et vivait deux cents ans avant « que *Jésus-Christ*, cet humble et divin philosophe, ne vînt sur « la terre.

« Cet *Archimède* découvrit beaucoup de choses nécessaires à « tout le monde et inventa plusieurs instruments utiles dont l'un « est encore en usage de nos jours : *la vis* qui porte son nom.

« Cet homme était tellement sûr de la justesse des calculs « qu'il faisait et des bases sur lesquelles il les asseyait, qu'il « disait : *Donnez-moi un point d'appui et je trouverai un levier* « *assez puissant pour soulever la terre.*

« Sa phrase paradoxale était admise. On la cite encore au- « jourd'hui, mais nul ne se mettait à la recherche du point « d'appui demandé, pour connaître le levier promis.

« Plus heureux qu'*Archimède*, et deux mille ans après lui, « nous voyons et aurons en notre pouvoir, *si nous le voulons* « *fermement*, le point d'appui réclamé par le calculateur philo- « sophe.

« Au dix-neuvième siècle reviendra l'honneur d'avoir osé « crier bien haut : Ce point d'appui?.. *Eurêka!*... je l'ai « trouvé... *c'est l'*INSTRUCTION!.. et le levier qu'il engendrera « est l'AMOUR!...

« Avec l'*Instruction*, de laquelle naîtra l'Amour, *nous* soulè- « verons *tous* les peuples.

« Et ils seront *tous* pour *nous*, comme *nous* serons pour *eux tous*... Entends-tu, mon cher petit *Bébé?*... »

Le plus profond silence suivit cette amicale interrogation du père de famille.

La respiration un peu bruyante et très régulière de *Bébé* fut sa seule réponse.

Il dormait à poings fermés.

Après toute grande émotion *un utile repos est toujours nécessaire*... (O force de l'habitude, tu me fais commettre un alexandrin qui pourrait fort bien être mieux placé ailleurs qu'ici!)

L'épisode de la cabriole ne pouvait sitôt s'oublier; nous le sentions tous, et.....

....

— « *Le dîner est servi, Monsieur, on vous attend.* »

Cette phrase banale frappant poliment mais brusquement mes oreilles, m'arracha à ma contemplation esthétique.

Je redevins moi... et à moi.

Je laissai partir *Marie*, votre charmante cuisinière, (qui *abhorrait* tant les militaires, si mes souvenirs ne me font pas défaut), en la remerciant du courtois et réconfortable appel fait par vos ordres, cher Alfred.

Je me changeai à la hâte.

Pendant ce travail je considérai le tableau.

Il n'avait point bougé de place et les trois personnages composant son sujet étaient bien toujours dans leur même position.

Il devenait évident pour moi, que j'avais été le jouet d'une hallucination.

Comme elle ne m'avait point été fatigante, je ne regrettai pas de l'avoir eue...

Lorsque je quittai la chambre pour aller me mettre à table, il me sembla que *Bébé*, sur l'invitation de ses parents, m'envoyait un de ses plus gros baisers et que ses parents eux-mêmes murmuraient : *Au revoir*!.... Je crus entendre une oscillation bienveillante dans *la pendule-réveil*... et le courant d'air s'engouffrant dans la cheminée *à la prussienne* sembla fredonner ce dernier vers d'un refrain de feu *Pierre Dupont* :

« Buvons à l'indépendance du monde ! »

....

Je vous rejoignis dans la salle à manger où j'eus l'honneur, en dînant, d'apprendre à connaître et à aimer votre jeune ménage.

Nous causâmes, tous ensemble, comme de vieux amis que nous sommes et nous nous séparâmes pour aller nous reposer.

Vous savez, maintenant, tout le reste, mon bon ami.

Mais ce que vous ignoriez complètement et ce que vous ignoreriez encore si je ne l'écrivais pour celui qui lit ces lignes, c'est que je ne m'étais nullement trompé...

Tout était devenu vivant dans cette chambre, depuis que je l'habitais.

Les *choses* devinrent des *êtres* pour se rapprocher davantage de moi, et moi, ne me considérant plus comme un *être*, je me fis *chose* pour m'identifier aux objets qui m'entouraient.

Je réussis complètement à me métamorphoser.

En entrant dans *ma chambre*, je devenais *objet, chose*.

Tandis que la porte me séparant du grenier était close et qu'avec raison vous me supposiez seul, *nous* (tout ce qui était dans la chambre, moi compris), *nous nous* assemblions; *nous*

nous racontions des histoires; *nous* inventions des contes qui, tantôt rendaient *Bébé* fou de joie et tantôt le faisaient pleurer ou trembler.

Ce dernier cas arrivait assez fréquemment, lorsque la cheminée *à la prussienne* soupirait quelques sombres légendes écrites, au milieu des bouffées de tabac et de chopes de bière, par un de ces conteurs allemands dont je voudrais connaître la langue maternelle pour bien apprécier le fond national de ce caractère enclin à la sournoiserie... je crois.

D'autres fois, et c'était le plus souvent, Alfred, nous causions, les larmes aux yeux et dans la voix, de la trop rude épreuve à laquelle notre pauvre bien-aimée France venait d'être soumise.

Nous cherchions, sans jamais les trouver, *il faut en convenir*, quelles *bonnes* raisons pouvaient avoir des centaines de milliers d'hommes, d'un sol différent, voisins ou éloignés les uns des autres, à se ruer les uns sur les autres comme des bêtes fauves...

En désaccord sur les causes passées et les conséquences futures de l'affreuse guerre de 1870-71, où se sera engouffré tant de sang et d'argent, nous étions toujours du même avis pour la déplorer.

Que de larmes ont été versées POUR LA PATRIE *dans cette petite chambre!...*

L'amitié qui nous unissait absorbait la plus grande partie de l'amertume de ces pleurs.

Il arrivait fréquemment qu'avant de nous séparer par le sommeil, nous nous donnions une étroite et cordiale poignée de main.

La table de nuit sur laquelle j'écrivais mes tristes et fugitives inspirations semblait, lorsque étant au lit je la mettai à ma portée pour travailler, appeler à elle toute la chambre.

Son appel paraissait être entendu de *tout*.

Et *tout* se groupait autour de mon lit, et *nous nous* disions cet adieu fraternel du soir au fond duquel le cœur lit toujours : *au revoir!... à demain!...*

Bref, cher Épardeaux, et je complète par cela ma confession, *nous* avions formé *chez vous*, UNE ASSOCIATION OCCULTE, dont *nous nous* sommes promis de propager les statuts, pour arriver, par tous les moyens, *à faire aimer* LA PATRIE.

Un certain soir (vous vous trouviez souffrant, mon pauvre ami), vous m'obligeâtes à sortir sans vous. Vous souvenez-vous de ce soir-là, Alfred?

J'allai au café... ? au café... ? ma foi, je ne me ressouviens plus du nom... Supposons le café X ou le café Y, derrière votre Hôtel-de-Ville.

Dans le susdit café... ? je fumai quelques pipes de tabac et je bus deux bocks de bière, deux ! (C'a été le seul extra que, seul, je me sois permis hors de chez vous et de chez les aimables familles *Daly* et *A. Lefraise*, auxquelles, dans la même parenthèse, je vous prierai de présenter mes amitiés).

Lorsque je rentrai, mes compagnons ne dormaient pas encore.

Vous sachant dérangé ils ne comprenaient ni n'excusaient mon absence.

Mes allumettes-bougies ne voulant pas s'allumer, dans l'obscurité je déplaçais les chaises avec mes pieds et je me heurtais aux autres meubles.

Lorsqu'enfin j'eus de la lumière je ne me trouvai pas trop à l'aise.

La cheminée *à la prussienne* grondait.

La *pendule-réveil* paraissait plus sournoise que d'habitude.

Les grands personnages du tableau s'apprêtaient à me tourner le dos.

Et enfin, *Bébé*... me faisait la moue!!...

Je me vis dans l'obligation de leur faire comprendre à tous, par un monologue énergique et sentimental, que vous m'aviez *presque* forcé à sortir pour me distraire ou, tout au moins, pour me faire changer d'air.

Je leur fis clairement entendre qu'en vous obéissant je n'avais fait que mon devoir, sachant que la contrariété vous était nuisible.

Leur mauvaise humeur, déjà ébranlée, se dissipa tout à fait à cette dernière raison.

Avant de nous coucher nous causâmes de nos futurs projets.

Nous organisâmes le *Conseil de notre Société*.

Le père de famille fut nommé *Président*. Son âge et sa raison lui donnaient des droits incontestables à cette distinction tout honorifique.

La mère de famille fut acclamée, à l'unanimité, *Grande Archiviste-Économe*.

La *pendule-réveil* se chargea volontiers du poste d'*Auditeur*.

La cheminée *à la prussienne* accepta (comptant, pour l'aider dans son service, sur l'intermédiaire obligé et obligeant de son tuyau), les fonctions de *Courrier ordinaire et extraordinaire*...

Bébé... oui, *Bébé* (malgré quelque opposition paraissant assez mal fondée), fut nommé *Rapporteur auxiliaire*.

Quant à moi, mon cher ami, je fus désigné pour être *Secrétaire général*, à l'unanimité des voix, sauf une... celle de *Monsieur Bébé*..... qui se vengea ainsi des sourires qu'il se rappelait m'avoir vu comprimer le jour de la fameuse... cabriole.

C'est donc comme *Secrétaire général* de notre *association occulte* que je donne, ici, le procès-verbal de cette première et mémorable séance.

Nous en tînmes d'autres... dont je pourrai... plus tard... vous faire parvenir les détails.

Pour le moment, je me borne à celle-ci et je crois bien clore ma confession en vous *affirmant* qu'aucun orage sérieux, qu'aucune brouille de plus de quelques heures, ne vint jamais troubler notre union patriotique.

Pourtant nous eûmes tous une grande peine.

Ce fut le jour où, poussé par le besoin, il me fallut chercher et trouver un petit chiffon *pour essuyer ma plume*.

Je n'avais voulu déranger personne pour une chose si simple.

....

Ah! par exemple, tout fut noir dans *notre* logis, ce jour-là..

Bébé, que la contrariété rendait oublieux de lui-même, *Bébé* mordit son pouce toutes les fois qu'il voulut le téter!!!...

Jugez, ami, si c'était fait pour lui rendre sa bonne humeur!...

....

Mais, lorsque la cause de cette grande affliction fut détruite, lorsque le méfait accompli eut été loyalement et largement réparé, nous reprîmes tous notre gaité.

Et quelques heures avant mon départ d'Angoulême, si vous eussiez été derrière *notre* porte, vous *nous* eussiez entendus répéter ensemble un chant de notre immortel Béranger, de celui qui m'écrivait, *il y a vingt-trois ans :* (1) « ... LA MÈRE ET LA « PATRIE est peut-être moins heureuse, mais elle brille d'un si « noble sentiment, qu'il y aurait du pédantisme à exiger plus « d'originalité de fond... »

Vous eussiez, aux notes graves de la tôle formant son corps, reconnu la voix de la cheminée *à la prussienne*, et peut-être, bien que toujours un peu souffrant, vous eussiez mêlé votre voix à notre accord pour chanter avec nous :

« Peuples, formons une sainte alliance
« Et donnons-nous la main,
« Et donnons-nous la main !

....

....

Il est minuit.

Je vous quitte, Alfred.

Dites bonsoir de ma part à votre Félicie, cette dévouée épouse; donnez un gros baiser pour moi à chacun de vos deux aimables garçons et recevez, de cœur, l'imaginaire et sincère poignée de main que je vous envoie... sur ce papier.

Rappelez-moi au bon souvenir de vos familles et de nos amis communs, dont les noms se trouvent dans les lignes précédemment écrites.

Embrassez pour moi la gracieuse Jeanne Daly, ma petite *Pervenche*.

Sur ce, je prie Dieu qu'il vous conserve à mon amitié et que,

(1) Le 28 août 1849.

grâce à cette puissante protection, vous ayez tous, autant que faire se peut sur notre machine ronde : santé, prospérité et bonheur.

Une autre fois je transcrirai la pièce vaguement indiquée en tête de cette trop longue mais *très* véridique narration.

Il ne faut pas que le lecteur, quel qu'il puisse être, se croie, ce que je ne suis plus, mais ce que je me suis cru être :

VOLÉ !

23 Mai 1872.

N. B. — Même jour, 5 heures du matin.

Ah ! breunoncio !... J'oubliais le principal...

Vous pouvez bien avoir abandonné ma petite chambre, mais vous avez bien dû conserver tout ce qui était dedans, j'espère.

Dites à ce groupe d'amis quelques gracieusetés de ma part.

Je vous recommande, d'une façon toute particulière, la cheminée *à la prussienne*, la pendule-réveil et le tableau.

Ce *trio* charmant qui *se doublait* lorsque les *trois* figures s'animaient au commandement ou plutôt aux désirs du poète, ce trio, dis-je, mérite une mention spéciale.

Causez un peu de moi avec ces membres, tous *hauts* dignitaires de notre association occulte.

Je réponds d'ici, de leur fidélité à nos statuts. Soyez, là-bas, auprès d'eux, je vous en prie, mon ami, le répondant véridique de la mienne.

Ma foi est tellement aveugle en *mes* associés, qui, bien que paraissant *un peu communards*, sont *tous* doués du meilleur caractère, et *tous*, en tout temps et en tous lieux, disposés à être bons, agréables et utiles à tout le monde; ma confiance est tellement grande, reprends-je, en ces sages et prudents amis, que je fais les déclarations suivantes, déclarations dont j'assume toute la responsabilité sur ma tête :

1° Si la cheminée *à la prussienne* fait parvenir au dehors la fumée de ce qui se passe en son intérieur, elle ne fera que remplir sa mission... et tout ce qui sortira d'elle sera, je le jure, *francisé* comme elle;

2° Que la pendule-réveil soit ou ne soit pas toujours dans l'état d'inertie où je l'ai toujours vue, j'affirme qu'elle sera toujours le très-peu envieux mais heureux témoin du bonheur des autres. J'affirme que le jour où un artiste, nouveau Pygmalion, lui aura donné une vie que je ne lui ai jamais connue, sa voix sonore chantera les douces heures et pleurera celles de deuil de notre belle et éprouvée Patrie;

3° Quant au tableau, mon cher Alfred, sa loyauté et sa franchise s'interprètent d'elles-mêmes; et lorsque vous aurez pressé, de ma part, la main de l'homme qui y est dessiné, vous prierez madame Épardeaux, votre Félicie, de me remplacer auprès de *Bébé* et de sa mère.

Je désire que cette dernière reçoive un baiser (le mien) sur le front et que son fils (qui est toujours joufflu, je l'espère bien) en reçoive une demi-douzaine sur chacune de ses grosses joues rosées.

Adieu, ami...

A propos d'adieu...

Oh! la triste tête de linotte que j'ai!...

Je vous recommande, Alfred (et soyez assez bon pour recommander à tout le monde chez vous), de ne pas raconter, devant le tableau, l'histoire de la cabriole de *Bébé*.

Ça pourrait peut-être bien éveiller dans le cœur du petit bonhomme un rancuneux souvenir... Comprenez-vous?...

Lorsque vous m'écrirez, vous voudrez bien me donner des nouvelles de tous ces fidèles amis.

Vous me direz si *monsieur Bébé*, qui a aujourd'hui treize mois de plus que quand je vous ai quitté, a toujours des dispositions pour la gymnastique et s'il fait ses exercices mieux qu'autrefois... Je ne vous cache point que je ne serais pas surpris, mais du tout surpris, d'apprendre qu'il fait admirablement *la roue* aujourd'hui!...

Vous saurez me dire, aussi, s'il tête toujours son pouce...

Dans le cas affirmatif, ce qui serait abominablement vilain, dites-le moi bas, bien bas, très-bas, afin qu'aucun écho n'aille répéter cet aveu et que le pauvre *Bébé*, en voyant son secret courir les toits, ne dise pas en pleurant :

« *On me l'a* VOLÉ ! »

VOLÉ!..

O tempora!... O mores!...
(Cicéron).

VOLÉ!... Ce mot cruel à jamais ternira
Le début de ce *chant* qui, par lui, finira...
Erreur... un *chant*, ceci?... disons une complainte,
Une accusation, un mémoire, une plainte
Qui bourdonne en mon cœur depuis hier au soir,
Comme un *miserere*... C'est un cri sans espoir
Que je pousse au grand jour, œil humide, front blême,
Contre un de tes enfants... malheureuse Angoulême!...

Qui m'eût dit que pour faire à cet alexandrin
Un compagnon, j'aurais chez toi même un Mandrin?...
Est-il seul?... N'a-t-il point pour digne aide un Cartouche? ..
Je réclame un fusil muni de sa cartouche
Pour tuer un brigand... peut-être un enjoleur
Sournois, qui me fait dire : — « Au voleur!... au voleur!... »
On vient de me voler, j'en ai la mort dans l'âme,
Un souvenir bien doux à mon cœur... C'est infâme!

Mon larron, peu novice et grand maître en aplomb,

Quel chemin a-t-il pris?... l'ardoise ou bien le plomb?...
Je l'ignore... Toujours est-il que, sans scrupule,
Il aura profité du dernier crépuscule
Du jour d'hier, pour faire, en un temps, son beau coup.
Quel lâche scélérat!...
Je regrette beaucoup
D'être resté tranquille, en bas, comme Baptiste,
Tandis que mon *grincheur*, (vêtu bure ou batiste).
Après ce vilain tour vers ailleurs a volé!...
Qu'il soit proche ou loin, moi, je suis toujours *volé!...*

....

....

Des vols ou coups d'État d'*Avril* ou de *Décembre*
Je me ressouviendrai... j'en jure par l'enfer :
Celui-ci mit la France au joug d'un cœur de fer,
Celui-là met le vide en ma modeste chambre.

Parlons de ce dernier...
L'autre, au grand jour couard,
Vrai fils de l'Infamie et non point son bâtard,
Nous a fait, à Sedan, voir qu'il était capable
D'être de nos malheurs l'unique et vrai coupable. (1)
Sur *Décembre* éhonté passons sans gouailler.
Il reviendra... plus tard... se faire fouailler.
Némésis, à jamais, lui sera favorable...

Causons un peu d'*Avril*, de ce mois mémorable,
Qui de tout parler faux fait une ample moisson
En se glissant partout sous forme de poisson.

(1) Il faut croire que je ne m'avançais pas trop, il y a 14 mois, en écrivant ces lignes, puisque, parait-il, l'*Homme de Sedan* réclame l'honneur et la responsabilité de cet acte *Érostratique*... En face de ce cynisme sans précédent, permets, ami lecteur, *au fils du domestique* qui écrit ces lignes, de répéter ici, (l'effroi de l'avenir dans l'âme) l'épigraphe placée en tête de cette pièce « *O tempora!... O mores!* »

(Mai 1872.)

C'était donc en Avril mil huit cent soixante-onze :
Pas plus qu'auparavant mon cœur n'était de bronze.
Je contemplais toujours avec plaisir le ciel;
Je détestais l'absinthe et j'adorais le fiel; (1)
J'aimais mes beaux châteaux... rappelant Pampelune;
J'aimais le beau soleil.... j'aimais le clair de lune...
La lune!... *du monde :* **i**, point d'Alfred de Musset...
J'aimais tous les recoins où l'esprit se mussait;
J'aimais le rossignol, son orchestré ramage;
J'aimais le gracieux ou, même, son image.
J'aimais... que dis-je?... J'aime et j'adore toujours
Ce que j'aimais jadis...
J'aime toutes amours.
En tout, partout, voyant des unions intimes,
Je repousse ou soutiens *victimeurs* ou victimes...

Oh! la! la!... qu'ai-je dit?... L'affreux mot!... *Victimeurs!...*

Hélas!... pourquoi faut-il que j'aime les primeurs?
Ce goût peu fait pour moi, dans le fond de mon coffre
A déniché ce mot, que, sans hésiter, j'offre
Aux quarante Immortels, linguistes estimés,
Qui, biffant *victimeurs*, écriront *victimés*...

Fureur académique, en ton cours, passagère,
Éreintante pour tous, pour moi seul sois légère!

Mais reparlons d'*Avril* et de mes goûts.
Je suis
L'horreur pour la cellule,.. et toujours je poursuis,
(Par amour du métier) le nombre... et puis... le nombre.
Dans le ciel le plus pur je cherche et trouve une ombre....
Immense quelquefois, quand c'est celle de Dieu!
A tout ce qui se couche aimant à dire : *adieu!*

(1) *Le Bitter*... celui SECRESTAT, surtout.

Je dis bien haut : *bonjour* ! à tout ce qui se lève....
Dans mon cerveau bouillant la pensée est un glaive,
Glaive de Damoclès, constamment suspendu.....

Si je sais où je vais, je veux être... (*entendu*) !

Damoclès... Victimeurs!... Allez-vous en au diable,
Et laissez-moi traiter mon sujet à l'amiable;
Pour ne le plus quitter j'y tombe droit dessus.
Sans cela, mes lecteurs, dans leur espoir déçus,
Diraient : — « Mais c'est à nous que s'applique le titre
« Mis, par le rimailleur, *au haut* (1) de ce chapitre... »
Et mes lecteurs auraient cent mille fois raison.

Toute fleur ou tout fruit arrive en sa saison :
Brouhaha politique engendre la dépêche;
Avril, par son poisson, doit conduire à la pêche.

Or donc, moi, je pêchais... *pêcher* est le vrai mot.

Qui rejette un mot brut (s'il est juste) est un sot.

Dans un fouillis, trié pour le feu qu'on allume,
En cherchant un chiffon pour essuyer ma plume,
Je trouve sous ma main, sans faire plus d'un pas,
Des choses, des objets que je ne cherchais pas :

Là, d'un vieux parasol la carcasse moisie;
Puis, un journal défunt (2) (poison, neutre, ambroisie);
Ici, c'est la moitié d'un *Journal de Bordeaux*
Que dissimulent mal des débris de rideaux.
Auprès de ces débris semblant faire une ronde,

(1) Conviens, ami lecteur, que ce *au haut* est charmant... Rends-moi justice... et déclare que ces deux courts mots forment admirablement l'onomatopée la plus vraie de cette exclamation que tu as déjà poussée plusieurs fois j'en suis certain, et que tu pousseras encore... s'il plaît à Dieu... oh! oh!

(2) *Le Républicain de la Charente*, journal ayant eu une vie éphémère et ayant suspendu sa publication quelques jours avant mon arrivée à Angoulême.

Je lis, sur un papier : *Courrier de la Gironde*...
A coup sûr, ce journal traite, dans sa fureur,
Empire et *République* avec la même horreur.
Il est franc dans sa haine, et (c'est une bêtise,
J'en conviens), par ma foi, j'aime assez sa franchise.
Ce que je n'aime pas c'est de crier : *Haro*!
Sur tous les baudets... Tiens!... là-bas *Le Figaro!*...
Plus loin sont les feuillets d'un vieux livre d'*Histoire;*
Là, tout neuf, un morceau du journal *La Victoire*!...
Ce nom me porte aux nerfs; il m'aigrit, me fait mal,
Et, pour me soulager, je traite d'animal
Journal et rédacteur dont l'âme, *en diligence*,
A rencontré *Victoire* où doit être *Vengeance*...
Arrière ce *canard*...
Cherchons avec grand soin.
J'ai d'un chiffon choisi réellement besoin.

De ce côté je trouve une assez forte tringle;
Elle me sert de jonc... Avec elle, je cingle
Des inutilités, des journaux de tous crûs
Blagueurs pour le grand nombre, et, par quelques-uns, crus.

Peut-être est-ce une plaie, hélas! pour notre époque!...

L'esprit en les lisant s'atrophie... Il suffoque
Sous le poids des pamphlets que, poussé par la faim,
Le pauvre hère écrit... sans voir où va la fin.
Moi je préférerais (réflexion unique)
Un seul journal disant que le mal est inique:
Que sur le bien, toujours, l'homme devrait asseoir
Son existence entière... en attendant son soir.
Car la vie est *un jour* qu'illumine l'enfance,
Qu'éclaire, en l'âge mûr, le bienfait ou l'offense,
Et que doit colorer, en son final déclin,
Tout le fruit des penchants auxquels on fut enclin...
Bref, car de *L'Univers* j'aperçois une feuille,

Plus je lis des journaux, plus bas je me recueille ;
Et plus (je le confesse en mon cœur de barbon)
Je veux m'éloigner d'eux... n'en trouvant *pas un* bon.
Parlez-moi du journal que la mère nature,
Tenant du Créateur, offre à la créature !...
En suivant celui-là nous aurions l'âge d'or
Et l'on nous verrait tous...
Mais, bah !... cherchons encor.
Ma plume qui m'attend, entr'ouvrant son bec large,
Me dit qu'entre elle et moi je laisse trop de marge.
C'est moi qui la retiens... lorsqu'elle veut courir !...
Jusqu'ici, cependant, elle a su me nourrir.
Je suis un franc gredin... Quoi ?... si longtemps loin d'elle !...
Si nous étions encore aux beaux jours des *bouts-d'aile*,
Et pas des bouts de fer, comme elle eût pris son vol !...

Mais nous ne savons plus que regarder le sol.
A la longueur du nez mesurant notre vue,
Nous tombons, étourdis, sur la chose prévue.
Nous marchons sans chercher à diriger nos pas.
Surpris, nous arrivons de la vie au trépas.

Ainsi soit-il !...
Sait-on pourquoi tant je m'attarde
A toucher à mon but ?... C'est que, toujours bâtarde,
Ma tête ne connaît empêchement ni loi.
Elle s'accroche à tout, prend tout de bon aloi,
Et veut dire son mot sur tout... quand il arrive.
Elle suit du hasard le courant en dérive,
Et moi, son attenant, je la suis en tout lieu...

Pour ma plume, un chiffon !... Tas de débris, adieu...
Je me contenterai de ce morceau de soie.
Ce n'est pas très-bon, mais...
Ma tringle, qui se ploie,
Entraînant le morceau d'une chaise... jadis,

Amène un bout de linge.
A moi le Paradis!...
J'ai mon affaire... Allons... replaçons cette caisse.
C'est bien!... Vite au travail... Tiens!... une carte!... Qu'est-ce ?...
Une photographie !... un portrait!... Sur ma foi,
Cette image trouvée est bien dûment à moi.

La chose abandonnée est à tous... à personne...

Ce portrait m'appartient... prenons-le... l'heure sonne...
Remettons cette tringle au sein de l'attirail.
Elle doit être ici la reine du sérail.
Rentrons dans notre chambre... et ma photographie
Me dira son sujet et sa topographie...

Fichtre!... ce portrait?... c'est la maîtresse du Lieu!

Petit portrait perdu, ta place est au milieu
De l'endormi réveil qui, sur ma cheminée,
Sait que son heure flane... étant morte... ou minée.
Tant fané que tu sois, presque vieux, c'est en vain
Que tu montres à l'œil quelques taches de vin,
Portrait, je te retiens... et la reconnaissance
En moi, viendra, par toi, retremper son essence.
Puis, dans ma chambre, il n'est qu'un seul tableau... rien qu'un!
Et tout seul il s'ennuie!...
Un coup-d'œil à chacun
Me fait voir qu'entre eux deux grande sera l'entente.
Le sujet du tableau rend l'image contente.
La photographie aime, en ce jeune garçon
Qu'on voit dans *le grand cadre*, un air tout sans façon,
Et toute *la famille*, unité formant tresse,
Dans ces traits d'une femme admire sa maîtresse.

Tu viens, petit portrait, d'arriver bien à point.
Au grand jour montre-toi... Je ne te cache point.
On doit te voir...

Et puis, pourquoi te cacherais-je ?
Image à conserver n'est pas un sacrilége.
Ce sera, pour mon cœur, un souvenir bien doux :
Je reverrai toujours et l'épouse et l'époux.
Car l'époux, cet ami, m'a promis ses deux *charges* (1),
Qui l'une et l'autre sont très-pures en leurs marges...
Tandis que toi, portrait ?... Ah ! c'est bien autrement !...
Mais tu me plais ainsi... C'est pour cela vraiment
Qu'on a dû, sans regret, te laisser dans la fange.
Tu seras de nous tous, en ce lieu, le bon ange...

Je dis...

Et le travail qui me tendait les bras
Pour me récompenser créa mille embarras :
Le vers était boiteux, la rime était sournoise,
La raison à l'esprit cherchait constamment noise:
Et pour combler l'ennui d'alexandrins perclus,
Hier sur le réveil *mon* portrait n'était plus !...

....

Où s'est niché, grands dieux, l'amour de la rapine !...
La rose, gardez-la... mais laissez-moi l'épine !

N'entendez-vous donc pas le tableau qui gémit ?
Regardez le réveil : immobile, il frémit !...

Faut-il voir *en Avril*, comme on vit *en Décembre*,
La forêt de Bondy plus sûre qu'une chambre...

....

Mais on me le rendra ce portrait envolé,
Pour qu'en parlant de moi nul ne dise : « VOLÉ ! »

Angoulême, 12 avril 1871.

(1) V. Collodion, le caricaturiste infatigable, a fait *deux charges* de mon ami, M. Alfred Épardeaux. — L'une le représente comme professeur de musique, accroupi sur son piano ; l'autre le montre comme directeur d'orphéon, battant la mesure devant quatre oies qui ouvrent largement et longuement leur bec.

L'AVEU TARDIF

A M. P-M.

Bébé,

C'est toi qui m'as appris l'air sur lequel j'ai fait *la romance* annoncée ci-dessus.

C'est toi qui, guidée par le hasard, m'a donné le nom propre faisant, hélas ! la plus magnifique rime avec le nom commun de nos implacables ennemis.

Il est, en conséquence, plus qu'équitable que je te dédie *l'Aveu tardif.*

Lorsque tu m'eus demandé une romance et que tu m'êus fourni le nom choisi par toi et l'air préféré par moi, j'ignorais quel sujet j'allais traiter.

La terrible préoccupation du moment, l'anxiété douloureuse et terrible dans laquelle tout le monde se trouvait, à cause du sort de Paris, mirent mon esprit sur la route à suivre.

Je savais bien qu'il existait une romance intitulée *Le Pigeon voyageur*, (et qui sait combien d'autres couplets sont nés de cette néfaste et mémorable circonstance!) mais *je savais*, aussi, que ne connaissant rien dans ce genre, j'arriverais à trouver un tour nouveau.

Le tour nouveau est trouvé... je crois.

Est-il bon?... je l'ignore... et je te déclare que je ne me fie pas du tout, mais du tout, à ton approbation. Il m'en faut une plus compétente.

Je te dirai, *Bébé*, qu'il était temps que je fisse ma romance. Cinq ou six heures plus tard et *jamais*, non *jamais*, l'inspiration ne fût venue : *Paris avait capitulé* !!!

Puisse, par l'air gracieux que tu m'as fourni, *l'Aveu tardif* sourire à tes gracieuses compagnes, mes jolies lectrices, qui aimant cet air le chanteront!... Puisse, surtout, *l'Amour de la Patrie* s'y faire lire en faisant comprendre que loin d'exclure tout autre amour, il le sanctifie et lui donne de la force!...

Sur ce, *Bébé*, élève ton front jeune et blanc vers moi, et (bien que nous soyons *en délicatesse* pour longtemps), laisse-moi y déposer le plus franc et le plus gros baiser que jamais meilleur père nourricier puisse donner.

Mai 1872.

L'AVEU TARDIF

ROMANCE

Air : Brise, parle-moi, parle-moi toujours,
De l'humble village où sont mes amours.

Souvenir du siège de Paris.
(Guerre de 1870-71)

On me l'a tant dit que je dois le croire,
Quoi! pauvre pigeon, tu vas à Paris!
Nos vœux, suspendus sous ton aile noire,
A nos exilés porteront nos cris.
Si ma faible voix de toi peut s'entendre,
Vers quelqu'un, là-bas, tu devras te rendre...

Cher petit pigeon, tu vas voir Lucien!... } bis
Vole haut, bien haut, loin du plomb prussien! }

Je t'ai dit son nom... Parmi les plus braves
Tu reconnaîtras ce nouvel ami.
Ne comprenant point les Français esclaves.
Il partit... laissant mon cœur endormi.
Je l'ai vu partir... Comme il était blême!...

Moi, que j'étais froide!... aujourd'hui, je l'aime!...

Cher petit pigeon, etc.

Peins-lui de mon cœur l'atroce souffrance,
Car, si je comprends les chagrins d'amour,
Je comprends, aussi, le deuil de la France ;
Mon âme s'éveille au bruit du tambour.
Et, bien qu'il soit tard pour montrer ma flamme,
Dis-lui qu'au retour je serai sa femme.

Cher petit pigeon, etc.

Adieu, cher oiseau... Dans l'éther limpide,
Quand tu finiras ton pénible vol,
Dis à mon amant qu'il soit intrépide
Et que du pays il venge le sol.
Dis-lui bien qu'hélas! si Paris succombe,
Et s'il meurt, sa mort creusera ma tombe!

Cher petit pigeon, tu vas voir Lucien!... } bis
Vole haut, bien haut, loin du plomb prussien! }

Nuit de garde du 27 au 28 Janvier 1871.

A PROPOS DE LA LETTRE DE BÉRANGER

Dont il est donné un court extrait à la page 65 dans *Une Association Occulte*

C'était en 1847.

Je faisais alors partie de la plus ancienne réunion chorale de Bordeaux (peut-être de France) : *la Société Lanusse*, de laquelle sont sortis ou ont fait partie des artistes remarquables, parmi lesquels je citerai : les ténors Toussaint, Koubly, Duprat, Caubet; les basses Ch. Marthieu, Chaumel, Gadras, H. de Tauzia, dit *le Chantre de la Gloire*, le peintre Laroque, l'habile serrurier Faget, d'autres dont les noms m'échappent, et Pradeau, de réjouissante mémoire.

La Société Lanusse, fondée en 1827, on le sait, par un simple ouvrier typographe dont elle prit le nom, était composée de jeunes gens de toutes les classes; mais, en majorité, d'ouvriers qui, après les rudes labeurs de chaque journée, venaient le soir, dans une petite chambre enfumée, se reposer de leurs fatigues et apprendre des chants en accords, dont les échos de la ville, le samedi de chaque semaine, répétaient les joyeuses notes.

Dans la chambre enfumée dont il vient d'être parlé, une cruche en terre offrait son ventre, plein d'eau, aux chanteurs altérés.

Vers la mi-carême de chaque année les membres de *la Société Lanusse* se réunissaient.

Le Maître leur apprenait un *Stabat* qu'on allait chanter le jour du Jeudi-Saint dans une église (très-souvent dans l'église Saint-Paul), puis, après venaient les répétitions de chœurs.

Lorsque cinq ou six morceaux étaient sus, on commençait à donner des sérénades auxquelles tout le monde avait droit, sans distinction de rang ou de fortune; et cela durait ainsi jusqu'à *la Sainte-Catherine*, adoptée pour patronne de *la Société*.

Le système d'égalité pratiqué dans *la Société* n'excluait nullement les attentions dues au mérite, de quelque genre qu'il fût.

Les notabilités artistiques, scientifiques et littéraires étaient, et très-souvent à leur insu, saluées par les voix fraternelles des Sociétaires *Lanusse*.

Cela me rappelle qu'en 184..., un enfant de Bordeaux, un vrai fils du peuple dont la cité sera toujours fière et dont le nom est universel, une des gloires de notre France toujours glorieuse, quoi qu'il arrive: l'illustre BRASCASSAT, vint passer quelques jours dans sa famille.

La Société Lanusse apprit son arrivée.

Se concerter, tomber d'accord sans discussion, et fixer le jour d'une sérénade à donner au grand peintre, fut l'affaire d'un instant.

Le jour, ou plutôt, le soir venu, la Société se rendit rue Gratte-Cap (Ferbos, aujourd'hui), et chanta devant la porte d'une petite échoppe, des morceaux choisis, pour témoigner la joie qu'elle ressentait de glorifier un enfant du peuple qui, par son travail, était devenu un homme hors ligne.

Le modeste BRASCASSAT écoutait, palpitant d'émotion, ces chants mâles autant que joyeux; et lorsque *la Société Lanusse* entra chez les parents de l'artiste pour lui être présentée, l'humble Brascassat, (qu'on eut de la peine à faire sortir du jardin dans lequel il cherchait à voiler l'auréole qui éclairait son front), rougit jusqu'aux oreilles en se déclarant *indigne* de l'honneur qu'on lui faisait.

Il avait des larmes d'attendrissement dans les yeux; ses mains habiles pressaient en tremblant, et tour à tour, nos mains, tremblantes aussi devant cette immense et naïve reconnaissance; et la douce voix de l'artiste remerciait chacun de ce qu'il appelait *son trop de bontés!...*

Tant de savoir, de grandeur et de modestie chez un homme si supérieur!...

Lorsqu'aujourd'hui on voit chez des pygmées tant d'orgueil, de petitesse et d'ignorance, les témoins de la soirée dont je viens d'entretenir le lecteur se demandent s'ils n'ont pas rêvé et si BRASCASSAT a vécu!

....

La Société Lanusse éloignait les jeunes gens de routes, hélas! trop fréquentées aujourd'hui.

Elle leur procurait de douces joies, remplacées maintenant, pour une grande partie de la génération actuelle, par des plaisirs peut-être moins bruyants, mais plus démoralisants, au fond desquels, souvent, la fraîcheur de la jeunesse et la santé font toutes deux naufrage.

Somme toute, le *père Lanusse a fait du bien!...* Et on a eu raison, les 25 et 26 septembre 1858, de soulever Bordeaux et la presse locale (1), pour offrir à cet amant de l'harmonie, au nom de tous ceux ayant fréquenté sa *Société*, une médaille en or, rappelant les services qu'il a rendus et témoignant l'estime et l'amitié que ses élèves ont eues et auront toujours pour lui.

Revenons à l'artiste Pradeau, qui n'est point encore mort, je l'espère bien.

Il faisait alors son apprentissage dans le genre comique.

Il égayait, par sa façon de chanter la chansonnette *de l'époque*, les soirées auxquelles était conviée *la Société Lanusse*.

Le généreux fondateur (plus philanthrope qu'avide spéculateur) de la remarquable fabrique de porcelaines et poterie du quartier de Bacalan, l'un des honorables maires de la ville de Bordeaux, dont la cité reconnaissante a perpétué le souvenir en donnant son nom à l'une de ses plus belles voies, Monsieur

(1) *Voir les journaux de l'époque.*

David Johnston, s'épanouit plusieure fois, ainsi que la compagnie se trouvant chez lui, aux *rigolades* (passez-moi le mot, je le crois juste... Voir à la pièce : *Volé*, le 16e vers de la page 72), du susdit jovial Pradeau.

Qu'on me pardonne cette digression.

Elle est de l'histoire, et me permet de rendre hommage à une mémoire vénérable... et vénérée.

Donc, c'était en 1847.

Un de mes amis (1), excellent second ténor dans la société chorale en question, vint me trouver un dimanche et me chanta une romance qu'en tapinois il s'éta't fait apprendre.

On en usait ainsi dans la société.

Le chanteur s'achetait *la* ou *les* romances lui convenant et, à l'insu des répétitions, en cachette, autant que possible, de ses collègues, le brave *Lanusse*, s'accompagnant avec les cordes d'un violon employé à la manière d'une guitare, lui apprenait *le* ou *les* morceaux préférés.

Ceci appartient encore à l'histoire.

Revenons à la romance que j'entendais pour la première fois et qui me frappa sous deux rapports :

Le premier, par son air que mon amour pour le chant me fit, avec juste raison, trouver magnifique et sympathique;

Le second, par l'amour de la patrie qui se laisse voir au travers de l'amour pour une femme,

En écoutant ce chant de patriotique obéissance et de douloureuse séparation, je sentis mon cœur s'émouvoir et, sans entrer ici dans des détails qui rempliraient des volumes, je dirai que je vis *l'amour* sous toutes ses nuances.

L'amour de la Patrie, que beaucoup, peut-être, n'ont pas remarqué dans la romance dont il s'agit, m'apparut en première ligne... Je vis quelque chose à faire sur ce noble sujet...

Je vois partout, et sur tout, quelque chose à faire, moi!...

(1) A. Bockman, (contre-maître durant une vingtaine d'années environ dans la maison Ledet), aujourd'hui rue Saint-Louis, 40, aux Chartrons, où il fait de l'ébénisterie, comme ouvrier façonnier.

Je priai mon ami de me répéter son gracieux chant... Durant cette seconde audition, le canevas de ce que je me proposais de faire se trouva installé sur le métier, toujours monté, de mon imagination voyageuse.

Le chant terminé, sans avoir, en aucune façon, cherché à en retenir l'air aimé; sans même garder copie d'un seul des couplets entendus, je pris la facture du rythme de la romance, nouvelle alors, et jolie toujours; romance ayant pour titre :

AMOUR ET FANATISME

par

Monsieur Amédée de CARAYON-LATOUR

A la grande surprise et bravant les observations critiques de mon ami, qui ne pouvait comprendre qu'on pût faire quelque chose sur un air qu'on ne connaissait pas et dont on ignorait les paroles y adaptées, je lui promis une romance ou un chant sur le même air; air que j'aimais tant à lui entendre chanter et que, plus tard, j'ai tant aimé à chanter moi-même.

Je tins ma promesse... (J'aime beaucoup, en temps et lieu, à tenir ce que j'ai promis, quelque laps de temps qui me sépare de l'époque où la promesse a été faite... cette promesse fût-elle ignorée de tous et n'ayant pour témoin que ma conscience).

Ainsi, d'*Amour et Fanatisme* et de ma parole donnée naquit :

MÈRE ET PATRIE

Écartant l'amour pour la femme qu'on désire; malgré que je connusse trop, hélas! ce qu'il y avait d'immense, de terrible et de doux dans ce sentiment qui fait de nos cœurs autant de victimes; je mis l'amour de la Patrie aux prises avec l'amour filial... L'amour filial!... qui, lorsqu'il est naturel et sincère, a, lui aussi, ses abîmes de félicités et d'angoisses!...

Eh bien! c'est cet *amour filial,* dont je voulais faire sentir la noblesse, que je mis en lutte avec *l'amour de la Patrie*, duquel, dès cette époque, je saluai la majesté.

Étais-je capable d'atteindre mon but?

Je n'en savais trop rien et je fis de cette chanson ce que j'ai fait de *dix-sept à dix-huit cents* autres : je la mis de côté et n'y pensais plus... Je fus heureux, très heureux, je le confesse, de la trouver sous ma main en 1849.

A cette époque là, et à la suite d'une conversation qu'avait provoquée une de mes chansons, chanson assez originale, inspirée par la situation dans laquelle nous nous trouvions; l'idée me prit de connaître l'opinion de Béranger sur ma manière de rimailler.

Je composai une chanson *spéciale* pour ce grand et compétent juge dans la chose, et je la lui envoyai avec la chanson *du moment* et MÈRE ET PATRIE... qui avait alors *deux ans* d'existence.

Autant que je puis m'en ressouvenir, près de quatre semaines se passèrent sans avoir de réponse, et j'avais complètement oublié chansons et chansonnier, lorsqu'un beau jour, étant à mille lieues de m'y attendre, la poste m'apporta une lettre dont l'écriture de la suscription m'était inconnue.

Je décachetai l'enveloppe, j'ouvris la lettre et, ô douce joie du cœur lorsqu'il voit ses intentions comprises! je lus, en tressaillant de plaisir, la lettre que je transcris ci-dessous et dont, seule, LA PATRIE EN DEUIL pouvait me rendre *publiquement* glorieux. Nous allons relire ensemble ce qu'écrivit

(LE GRAND BÉRANGER *au petit Nadaud*) (1)

« Je me hâte de vous rassurer, Monsieur; vos chansons ont « été reçues comme elles méritaient de l'être, c'est-à-dire aussi « bien que vous pouviez le désirer.

« Les deux premières sont surtout d'un travail excellent « comme forme, et je suis surpris, je vous l'avoue, de cette per- « fection d'exécution. Il faut ou que vous ayez déjà produit beau- « coup de vers chantants ou que votre vocation chansonnière soit « bien naturellement déterminée. *La Mère et la Patrie* est peut- « être un peu moins heureuse, mais elle brille d'un si noble

(1) Inutile de dire que cette parenthèse est de mon crû.

« sentiment, qu'il y aurait du pédantisme à exiger plus d'origi-
« nalité de fond.

« D'après ce peu de mots, vous voyez, Monsieur, que vous « n'avez plus qu'à continuer pour prendre un rang élevé dans « la vieille phalange chansonnière.

« Pourtant, il faut que je vous en prévienne : la Chanson n'est « plus guère de mode. La musique, qui se répand de jour en « jour davantage, semble devoir donner l'avantage à des chants « de la nature de ceux qui font aujourd'hui la réputation de « Pre Dupont. Ce n'est pas là tout-à-fait la chanson; c'est « peut-être mieux; mais enfin la chanson proprement dite, n'y « peut trouver son compte. Tâchez donc de vous rapprocher de « la forme nouvelle ; occupez-vous, pour cela, d'étudier le mou- « vement musical avec plus de soin. Votre 3e chanson me paraît « se rapprocher de cette variété nouvelle, sur laquelle j'appelle « votre attention.

« Mais il y a une observation plus grave à vous faire, Mon- « sieur. Vous avez une profession; pour Dieu! ne l'abandonnez « pas, pour les illusions littéraires. J'ai été expéditionnaire « jusqu'à 42 ans et n'ai quitté les bureaux que lorsqu'il m'est « arrivé par mes chansons le morceau de pain que j'étais loin « d'attendre d'elles. C'est là ce qu'il y a de mieux à imiter en « moi.

« Adieu, Monsieur, aux avis que je me permets de vous don- « ner, vous pouvez juger de l'intérêt que votre lettre et vos « couplets m'ont inspiré.

« Recevez-en l'assurance et celle de mon affectueuse considé- « ration.

« BÉRANGER.

« Passy, 28 août 1849.

« M. Hry Nadaud, rue Bouffard, 23.

« Il a paru, il y a quelques mois, un recueil de chansons gaies, « tendres même, mais pleines d'esprit et d'entrain, dont l'au- « teur porte le même nom que vous. »

Les dernières lignes, écrites en marge sur l'original, m'annonçaient, comme on voit, les premières œuvres de *Gustave Nadaud.*

L'enveloppe de cette lettre, portant les timbres de Passy, près Paris, 28 août, et de Bordeaux, 30 août 1849, a sa suscription ainsi conçue :

« MONSIEUR Hry NADAUD

« *Rue Bouffard, 23*

« BORDEAUX »

Or, quand je reçus la lettre qu'on vient de lire, je faisais partie de la garde nationale et j'avais pour capitaine M. Léopold de Carayon-Latour, avec lequel j'eus l'honneur de causer intimement en plusieurs circonstances; auquel je fis ma profession de foi sous forme de chanson, et duquel je reçus l'assurance que si tous les *rouges*... (je passais pour tel) me ressemblaient on n'en aurait pas autant d'appréhensions.

Dans un de nos entretiens, nous causâmes longuement de littérature et de musique. Nous parlâmes de la mélodieuse romance *Amour et Fanatisme*, de M. Amédée de Carayon-Latour, de cette romance que je chérissais et chéris toujours, et nous nous séparâmes, après avoir brûlé un peu de *caporal* ensemble, étant tous les deux parfaitement d'accord... sur presque tous les points.

Je remercie ici publiquement mon ancien capitaine de 1849 d'avoir voulu, pour une petite chanson faite exprès pour lui, (chanson que, plus tard, je pourrai livrer au public), me faire délivrer gratuitement le costume et l'équipement de garde national.

Il doit se ressouvenir, ce trop généreux homme, de la raison légitime que je lui donnai pour refuser poliment son offre ; offre *acceptée* par tant d'autres dont l'ingratitude me révoltait, dont le souvenir me révolte encore.

En reconnaissance de sa générosité, dont je suis seul responsable de n'avoir pas ressenti les effets, qu'il me permette, ce loyal M. Léopold de Carayon-Latour, de lui offrir, ainsi qu'à *tous* les autres membres de sa noble famille que je n'ai pas l'honneur de connaître, au nom du frère bien-aimé qu'il a perdu, au nom du regretté artiste Amédée de Carayon-Latour, une *vraie* romance, beaucoup plus récente, et *toujours* sur l'air d'*Amour et Fanatisme.*

Tant qu'à *Mère et Patrie*, bien qu'ancienne, mais inédite, et de l'opinion *de tous ceux qui aiment leur pays,* je désirerais qu'elle fût acceptée (à cause du danger de la Patrie dont mon esprit aventureux avait pressenti les tortures), par le noble et vaillant frère de ceux que je viens de nommer, par le député à l'Assemblée Nationale, par l'honorable commandant du 3e *bataillon des Mobiles de la Gironde*, M. Joseph de Carayon-Latour.

Il a partagé, sur le champ de bataille et en Suisse, les périls et les fatigues des jeunes soldats placés sous ses ordres.

Tous ces jeunes gens, arrachés brusquement à toutes leurs affections, étaient mélancoliquement surpris de trouver un père affectueux, un compagnon dévoué, dans leur opulent et généreux Commandant.

Au nom de tous et de *l'Histoire*, je rends ici, à qui le mérite, un témoignage de gratitude.

J'ai entendu causer des jeunes gens qui m'étaient complètement étrangers, d'autres qui m'étaient indifférents, d'autres, enfin, que j'aimais parce qu'ils étaient les fils de mes amis.

Je me range, joyeusement et librement, du côté de ceux qui sont fiers de leur commandant.

Je trouve qu'il est plus doux et plus agréable de bénir que de maudire.

Aux esprits obtus, à l'envie et à la crasseuse ignorance appartient l'ingratitude.

Juin 1872.

MÈRE ET PATRIE

ROMANCE PATRIOTIQUE

Air : Amour et Fanatisme

Mère, quand le pays vient de crier : Aux armes!
Voulez-vous me priver de cueillir des lauriers?
Pourquoi me retenir et répandre des larmes,
Quand de tous les côtés s'avancent nos guerriers?

Séchez vos pleurs, ô ma mère chérie!
Dieu me mettra, pour vous, à l'abri du danger.
Entendez-vous les cris de la Patrie?...
Bénissez-moi, je cours pour la venger.

Mon père, dites-vous, tombant sous la mitraille,
Par son noble trépas m'exempte de servir.
Dois-je ne point voler sur le champ de bataille
Lorsque ses meurtriers viennent nous asservir?

Séchez vos pleurs, etc.

Oh! laissez-moi partir!... Là-bas, sur la frontière,
D'ici vous pouvez voir nos épais bataillons.
L'ennemi, devant eux, courbant sa tête altière,
Va, des flots de son sang, engraisser nos sillons.

Séchez vos pleurs, etc.

Mère, un dernier baiser... la victoire m'appelle ;
Je sens battre mon cœur d'un transport généreux.
Mère, priez pour moi dans la sainte chapelle;
Et, si je meurs... au ciel nous serons tous heureux!

Séchez vos pleurs, ô ma mère chérie!
Dieu me mettra, pour vous, à l'abri du danger.
Entendez-vous les cris de la Patrie?...
Bénissez-moi, je cours pour la venger.

1847.

P. S. — Comme on le voit, l'amour de la Patrie n'est pas une innovation pour mon cœur.

La funeste guerre de 1870-71 n'a fait que produire l'épanouissement en grand, du bouquet dont mon âme avait, par-ci, par-là, fait éclore quelques fleurs.

Août 1872.

LE RAYON ABSENT

ROMANCE

Air : Amour et Fanatisme

Si, loin de l'être aimé, l'astre du jour se lève
Et du pays d'exil vient éclairer le sol,
Entre le sol muet et le ciel sans nul rêve
Le cœur, triste, suspend son inutile vol.

Quand de sa sœur une âme est séparée,
Et qu'un rayon d'espoir l'éclaire de son jour,
L'exil devrait, sur sa route barrée,
De ce rayon faire un rayon d'amour.

Trop plein de souvenirs, des longs jours qu'il dénombre
Le cœur de l'exilé boit lentement le fiel.
La foi s'éteint sous lui comme le jour sous l'ombre
Quand dans ce qu'il n'a plus il reconnait son ciel.

Quand de sa sœur, etc.

Malheur au cœur aimant que la distance exile !
Pour lui tout est désert, dans la foule il est seul.
En vain loin du tumulte il se cherche un asile,
L'absence, sous ses pas, étend son froid linceul.

Quand de sa sœur, etc.

O toi qu'attend toujours la pauvre âme isolée,
Rayon mystérieux, essence du désir,
A ceux suivant, pensifs, leur route désolée
Donne un peu de bonheur... ou l'oubli du plaisir !

Quand de sa sœur une âme est séparée
Et qu'un rayon d'espoir l'éclaire de son jour,
L'exil devrait, sur sa route barrée,
De ce rayon faire un rayon d'amour.

Juin 1872.

L'ÉTOILE DU MARIN

A MM. G....... & V....

NÉGOCIANTS (AUX CHARTRONS)

Messieurs,

Ces lignes, écrites pour vous deux, seront surtout appréciées par M. V .... auprès duquel j'ai passé trois années dans la maison depuis longtemps disparue de MM. SEGUINAUD ET Vve BASCLE.

Vous savez si j'étais *travailleur*, *intelligent* et *honnête*.

Vous avez toujours ignoré le motif qui, librement, me fit quitter cette respectable maison, dont le chef principal M. *Seguinaud* m'avait été présenté comme un vrai croquemitaine, et dont par ma conduite, *sous tous les rapports*, je sus m'attirer la confiance et l'estime.

Le motif de ce départ d'une maison dans laquelle j'avais un avenir assuré, le voici dans toute sa naïve simplicité :

J'aimais une jeune fille!... Cette jeune fille, femme aujourd'hui, appartient à l'une des honorables maisons des Chartrons, maison dans le sein de laquelle se trouve un *Notable Commerçant.* Cette jeune fille *croyait* m'aimer!... Sa famille, vu ma position précaire, ne voulait pas de moi *fils d'un domestique*... et la jeune fille me déclara solennellement, devant une confidente fidèle, que : *Moi*, n'ayant pas de fortune, je serais *toujours* repoussé par ses parents qui, *Eux*, préfèreraient *toujours* un ouvrier sans argent qu'un commis sans le sou... J'aurais eu toutes les vies du monde dans la mienne que je les eusse données, l'une après l'autre, sans regret, pour celle que j'aimais... et pour sa famille....

Qu'était une plume à mettre de côté?...

....

Vous savez tout maintenant, Messieurs.

Vous avez su, tous deux, éviter l'écueil où, sottement et froidement, j'ai brisé ma carrière.

Je vous en félicite sincèrement.

Je suis revenu depuis bien longtemps à la plume, cette douce amie, interprète jurée du langage de mon cœur.

Elle me sert, aujourd'hui, à vous remercier du bon souvenir que vous avez gardé de moi. Elle me permet de vous dire que je suis heureux de vous offrir, à vous, Messieurs, dont le commerce est si grand, quelques couplets que je fis, il y a trois ans environ, en songeant à un navire marchand qui emportait dans le nouveau monde, avec le titre de *second capitaine*, un tout jeune ami à moi.

Puissent ces fugitifs couplets vous être agréables et vous distraire; puissent-ils sourire au frère de M. V... , qui, en sa qualité de capitaine au long cours doit aimer, ne fut-ce que de souvenir, ce qui peut lui rappeler ses voyages nautiques!

Je sais bien que le positif vaut mieux, pour vous, que l'idéal; mais quand cet idéal est le transparent de la reconnaissance, il doit, je veux en rester convaincu, trouver une place dans votre cœur.

D'ailleurs, qui me dit qu'avant longtemps et *justement à cause de ce que je fais aujourd'hui*, je ne serai pas obligé, nouveau mais trop clairvoyant Bélisaire, de dire de porte en porte ce que, par avance, je dis déjà :

« Avez-vous besoin d'un homme?...

« Il est aussi *honnête*, aussi *intelligent*, aussi *travailleur* « qu'autrefois, mais il ne peut plus faire *tout seul* ce à quoi, il y « a *quinze ans*, DEUX HOMMES S'OCCUPAIENT *et que le territoire,* « *considérablement agrandi, de la ville de Bordeaux* (1) *rend* « *beaucoup plus pénible* QU'IL Y A QUINZE ANS... *et qu'on en a* « *cinquante.* »

Pour ne pas comprendre cette vérité de La Palisse, il faut être bien étranger à Bordeaux ou bien peu... *Ingénieux*... je vous le jure...

Et c'est dans l'espoir que mon appel sera entendu et *compris* que je vous prie, Messieurs et très-chers anciens collègues de bureau, d'accepter *l'Étoile du Marin*, dont j'eus le premier pressentiment une des chaudes et belles nuits de l'été de 1869, en entendant chanter admirablement, par des jeunes commis, (me dit-on), l'air sur lequel j'ai mis mes couplets.

Hélas! en chantant, alors, le ciel de notre belle France, je ne supposais pas être si près de l'époque horrible sous laquelle nous nous débattons... et que tant de noirs nuages assombrissent encore!...

Juin 1872.

(1) Dans la séance du Conseil municipal du 5 août 1872, et à propos de la sécurité publique, M. le Maire fait observer qu'évidemment il n'y a pas assez d'agents à Bordeaux, à cause de la *vaste étendue de la ville.*

A UN NAVIRE

L'ÉTOILE DU MARIN

CHANT NOCTURNE

Air : Voudrais-tu, belle Castillane.

Sur la mer, gracieux navire,
Va toujours en te balançant.
Sous l'élan d'un léger zéphyre
Fuis l'écueil toujours menaçant.
Ne crains pas la rage des ondes,
Car, pour toi, le ciel est serein.
Vogue! vogue!... pour les deux mondes
Brille l'étoile du marin!

Lahitou, la, la, la, la, la. (4 *fois*)

Comme des peupliers superbes,
Vers le ciel s'élancent tes mâts,
Et les flots, fugitives gerbes,
T'accompagnent en tous climats.

Ta coquette et riche carène
Te fait trôner en souverain
Sur la vaste et liquide arène
Que suit l'étoile du marin.

Lahitou, la, la, la, la, la. (4 *fois*).

Que pour toi tout vent soit la brise !
Que l'espoir manœuvre à ton bord !
Que la vague en courroux se brise
Sans mouiller l'œil de ton sabord !
Que jamais ton ciel ne se voile !
Que la foudre, au timbre d'airain,
N'emporte jamais ton étoile...
La douce étoile du marin...

Lahitou, la, la, la, la, la. (4 *fois*).

L'amitié partout t'accompagne,
Tu la vois s'empreindre à tes flancs ;
De ta route elle est la compagne,
Sa voix est dans tes sillons blancs.
Elle te parle de la France,
De son ciel... et de ton parrain ;
Et, par elle, sous l'espérance,
Brille l'étoile du marin.

Lahitou, la, la, la, la, la. (4 *fois*).

Août 1869.

MARGUERITE

A LA FAMILLE DÉSIRÉ PÉRÈS

DE BARBASTE (LOT-ET-GARONNE).

. . . .
Sera bon l' propriétaire!
Veux-tu t' taire,
Veux-tu t' taire,
Blagueur, veux-tu t' taire.
(*Ancienne chanson*).

En ce siècle où l'égoïsme et la méfiance sont à l'ordre du jour et presque considérés comme des vertus, la conduite généreuse que vous tenez à mon égard mérite une mention *plus que supplémentaire* (1).

Qui m'eût dit rencontrer un propriétaire mettant, lui-même, à la caisse d'épargne et en mon nom, pour me faciliter l'impression du présent petit volume, l'argent que je lui donne pour mon loyer?...

A vous toute ma reconnaissance!... Ne m'en voulez pas, je vous en prie, de la rendre publique.

(1) La mention *supplémentaire* est l'unique et continuel degré auquel j'atteins depuis que je présente quelque chose aux émancipateurs *Concours poétiques* (trois concours, trois mentions... *supplémentaires*... ah! dam, on fait et on attrappe ce qu'on peut).

Je bénis le hasard qui m'a fait trouver, en vous, des parents à une famille des Chartrons ayant beaucoup connu la mienne et pouvant vous affirmer que le manque de fortune, chez nous, n'a jamais entraîné le manque de probité.

Puisque le doux nom de *Marguerite* (nom de fête qu'avait ma pauvre mère), est aimé dans votre jeune ménage; puisque l'enfantin compliment que je fis l'an dernier vous sourit à tous deux; je me permets de vous l'offrir ci-dessous. Je le fais suivre immédiatement, d'une romance faite, il y aura juste *vingt ans* le 15 juillet.

Puissent romance et compliment paraître agréables et servir à d'autres qu'à vous, mes amis!

Puissent, surtout, tous nos cœurs être des *marguerites* pour notre pauvre France tant délaissée il y a si peu de temps; et, puissions-nous, chaque fois qu'elle viendra consulter nos sentiments pour elle, répondre, *tous*, *à cette noble patrie* (et comme la fleur : en nous sacrifiant nous-mêmes), ce que toujours (d'après le compliment), doit vous répondre le cœur de votre espiègle Bébé :

« *Je t'aime!* »

20 juin 1872.

Chère maman, ton doux nom : *Marguerite*,
Est celui d'une fleur... La simple *marguerite*
De bien des gens est la fleur favorite.
Elle plaît très souvent... quelquefois elle irrite.
Du verbe *aimer* on lui fait faire un jeu.
On la consulte : elle dit : « *J'aime!... un peu!...*
Beaucoup!... bien tendrement!... pas du tout!... » C'est infâme
Qu'une petite fleur réponde ainsi... pour l'âme.
Moi, bien chère maman, avec mon air moqueur,
Pour ta fête je veux prendre un autre système.
Ma *marguerite*, à moi, pour toi sera mon cœur.
Effeuille-le... toujours il répondra : « *Je t'aime!* »

Juillet 1871.

LA MARGUERITE

ROMANCE

Air de l'Albanaise ou du Klephte (*Tu veux devenir ma compagne*).

Sachant que toute fleur mérite
Qu'on rende hommage à ses appas,
Vers toi, petite marguerite,
Je guide mon âme et mes pas. (*bis.*)

Fleur des champs, humble prophétesse,
Du lys tu ravis la couleur,
De l'amour tu sors la tristesse,
Du cœur tu chasses la douleur.
Oui,
Sachant que toute fleur mérite, etc.

Quand ta feuille au hasard s'envole,
L'espoir la berce mollement,
Et des vœux la troupe frivole
Près d'elle arrive follement.
Oui,
Sachant que toute fleur mérite, etc.

Par le fait d'une humeur jalouse
Laissant croire au cœur qu'il est seul,
Ton tapis, la verte pelouse,
Devient, trop souvent, ton linceul !
Oui,
Sachant que toute fleur mérite, etc.

Près de toi la crainte voltige
Ou doit voltiger constamment :
Tout zéphyr fait trembler ta tige
Et ta tête craint tout amant.
Oui,
Sachant que toute fleur mérite, etc.

Juillet 1852.

MAITRESSE ET AMI

A JEAN DE LA VEZE

Et toi, pauvre vieux goguenard, qui travaillant sans cesse *pour tout le monde* (1) veux *encore* spécialement travailler pour moi, et, inspiré par l'amitié, te disposes à faire ton possible pour que je puisse publier ce premier ouvrage, *véritable* macédoine, où chacun, je l'espère du moins, trouvera quelque chose à son goût ;

Et toi, brenoncio, tu dois avoir à glaner pour ton compte particulier dans *ça* que je t'offre... attendu que c'est *comme un bouquet de fleurs.*

....

Nous n'avons, tu le sais, ami, qu'une seule, vraie et éternelle maîtresse : LA PATRIE.

Il ne faut pas que notre ami : TOUT LE MONDE la fasse oublier... au contraire.

Ils doivent, constamment, marcher côte à côte, en discutant pour s'éclairer, s'instruire ; mais ils ne doivent jamais se fâcher bien sérieusement : leurs fâcheries seraient nuisibles à tous deux !

•

Faisons à ce point d'arrêt, un demi-tour à droite et continuons... mais sur un autre ton.

Tu sais que, grâces à toi, je ne suis plus un original sans co-

(1) Maison de la *Photographie pour tous*, rue Malbec, 91, à Bordeaux. — Mme Marie CONDAT, directrice.

pies; tu sais que tu m'as flatté en m'envoyant la tienne; mais tu parais oublier que j'en attends d'autres et que l'*Amitié* se voit personnifiée *sous les traits des amis*...

Ce que je t'adresse a été fait sur un air que j'aime beaucoup et que chantait admirablement, il y a quelques années, à Bordeaux, un nommé *Richard*, un marseillais.

Cet homme était aveugle, mais aux accents de sa voix sympathique et mélodieuse, qu'il accompagnait d'un violon auquel il semblait donner une autre voix ; le penseur comprenait que, dans sa profonde et cruelle cécité, l'humble artiste voyait, par les yeux de l'esprit, ce que beaucoup d'yeux du corps, bien clairvoyants, ne voient et ne verront jamais : l'âme, la vie... que le poète met dans ce qu'il écrit.

Si Dieu le veut et si le public m'en fournit les moyens, je raconterai, plus tard, la dramatique histoire de ce virtuose du pavé.

J'en ai les émouvants détails.

En attendant, cher *Chapelot*, si quelqu'un de ta connaissance sait l'air du *Tonnelier* et veut chanter *Maîtresse et Ami*, dis-lui de bien faire attention qu'à la seconde ligne du refrain du *Tonnelier* (*Fait ouïr son joyeux tintin*), le mot *ou-ïr* est formé, réellement, de deux syllabes.

Je te dis ceci, parce que, tout dernièrement, j'ai entendu chanter ce refrain; et celui ou celle qui le chantait ne faisait qu'une syllabe du mot en question.

Je te promets que ça faisait un joli effet ce *touir* qui arrivait.

J'affirme que, chantée de cette façon, la seconde ligne de mon refrain (et il me coûte cher de travail celui-là), ne pourra se chanter... ou se chantera... Je ne dis que ça.

5 heures du matin, 26 juin 1872.
(Dans trois heures un demi-siècle sur ma tête !!! Oh ! la, la !)

MAITRESSE ET AMI

CHANSON

Air du Tonnelier

Des premiers jeux l'enfance est la prêtresse,
L'adolescence à l'espoir dit bonjour.
Avant d'avoir soit Amant, soit *Maîtresse*,
L'instinct du cœur le porte vers l'amour.
Mais cet amour, plein de soucis, d'alarmes,
Dans le bonheur souvent s'est endormi;
Il perd, alors, ses plus gracieux charmes,
Et le cœur, veuf, a besoin d'un *Ami*.

Lorsque le soleil de l'Amour se lève
L'être aimé prend tout en pitié,
Mais lorsqu'a fini son gracieux rève
Il s'adresse à l'Amitié.
L'Amitié, toujours affable,
Semble dire avec douceur,
Dans un sourire ineffable :
« De l'Amour je suis la sœur. »
Sois par mes accents à jamais bénie,
Amitié dont les attraits
Semblent de l'Amour prendre le génie,
Le dévoûment et les traits. } *bis.*

Plus d'une fois le cœur, fou de détresse,
Par un feu vif se sentant consumer,
Dans une autre âme a cherché sa *Maîtresse*
Pour assouvir son doux besoin d'aimer...
Mais sur un sol plein d'ivresses brûlantes
Le cœur n'est pas bien longtemps affermi !
Pour relever les âmes chancelantes
Il faut la main et la voix d'un *Ami*.

Lorsque le soleil de l'amour se lève, etc.

Fuyez, fuyez, émotions traîtresses,
Qui, sans pitié, brisez toujours nos cœurs...
Au souvenir de perfides *Maîtresses*
Se joint celui de sourires moqueurs.
Sainte Amitié, de ta main fraternelle,
Tu fais toucher au Paradis promis.
Chez les grands cœurs tu seras éternelle :
Ils te verront *sous les traits des* Amis.

Lorsque le soleil de l'amour se lève, etc.

Janvier 1872.

ESPOIR !

A M. X...

Monsieur,

Vous ne voulez pas que je livre votre nom à la publicité. Que votre volonté soit faite et non la mienne...

Mais permettez-moi de dire que je vous dois une éternelle reconnaissance pour l'appui *plus que moral* que vous avez accordé à l'œuvre dont ces lignes font partie.

Une quinzaine d'hommes comme vous, et les embarras pécuniaires dans lesquels je suis, pour faire ce que je désire, ne m'arrêteraient pas.

Espérons toujours puisque, par vous, m'est arrivé ce mot : *Espoir*.

Vous avez craint un moment, respectable Monsieur, que votre courage et votre foi parussent avoir été ébranlés, au lendemain de Wissembourg, par la façon dont je narre notre fortuite rencontre.

Quelques courtes explications vous ont convaincu que votre crainte n'était pas fondée.

Vous étiez *bien* Français et *bon* Français au lendemain de Wissembourg comme à celui de Sedan ; mais, à ce dernier, vous vîtes le mal dans toute sa gravité... tandis qu'au premier, *justement parce que vous étiez plein de foi et de courage*, vous espériez encore.

Moi, je n'attendais rien de bon, ni avant ni après l'une ou l'autre de ces sinistres dates.

J'avais vu, au fond du plébiscite du 8 juin 1870, l'abîme dans lequel nous allions rouler.

En faisant, *mais mieux dirigé*, *mieux soutenu*, après Wissembourg ce qu'on fit après Sedan, il eût été possible, très-possible, c'est ma conviction, de se tirer du guêpier dans lequel on était allé donner tête baissée.

Nous avions *encore*, *alors*, des troupes *régulières*, bonnes, valides, désireuses de venger les échecs éprouvés... Ces vieilles troupes eussent servi d'exemple, de modèle aux nouvelles légions que, *toujours*, on était obligé d'improviser.

Après Sedan *il était impossible* de compter sur des troupes disciplinées...

Le découragement annihilait la discipline,

Or, l'*indisciplinement* général, si je puis m'exprimer ainsi, entraînait la démoralisation des pauvres jeunes troupes formées à la hâte, et à la plupart desquelles (vu la désorganisation de tout et de tous), manquaient les choses de première nécessité.

D'où il s'en suit, Monsieur, que vous aviez raison d'espérer... votre espoir dût-il être vain; mais que je n'avais pas tort de dire qu'au lieu d'attendre il fallait agir...

Tant que le fer est chaud... inutile d'aller plus loin.

Juin 1872.

ESPOIR !

> ... Dans la souffrance
> Le dernier bien qu'on doit ravir,
> C'est l'espérance
> Dans l'avenir.
> Sans espérance
> Mieux vaut mourir.
> (Romance de l'*Eclair*.)

Oui, vous avez du cœur!... Oui, vous aimez la France!

Votre âme généreuse, en voyant sa souffrance,
Souffrit de Wissembourg... de Sedan... des revers
Que nous eûmes, hélas ! trop nombreux, trop amers.

Wissembourg!... Cet échec terrible de nos armes,
Me fit voir dans vos yeux et votre voix des larmes.
Je m'en souviens!...
Et vous, vous en souvenez-vous ?

Sans nous être donné l'ombre d'un rendez-vous,
Sans nous être parlé, quand nous nous rencontrâmes
Un serrement de main rapprocha nos deux âmes.
Je vous dis franchement ma façon de penser.

Sans la combattre à fond, comme sans l'encenser,
Vous me dites : — « Il faut attendre, et voir... ensuite

Nous aviserons.... »

Non, c'était tout de suite,
Quand l'aveugle fureur faisait rougir nos fronts,
C'était quand nous n'avions subi que peu d'affronts,
Qu'il fallait agir.

Car, en ce moment néfaste,
Nul cœur n'aurait pensé voir, plus tard, le contraste
Des Allemands *toujours vainqueurs* et des Français
Toujours vaincus!...

Hélas! ces jours sont distancés!...
Et nous avons à faire, outrage expiatoire,
La libération de notre territoire...

Pour nos départements envahis, que l'emprunt
Remplace avec succès le beau projet défunt,
L'Œuvre, inscrite là-haut, *des Femmes de la France!*

Hâtons l'instant heureux de notre délivrance.
Puis, nous préparerons, sans jactance, sans bruit,
L'heure du grand réveil... Il portera son fruit
Le calme organisé qu'il faut, sans tarder, prendre...
Le passé n'a, vraiment, rien plus à nous apprendre.
Profitons des leçons qu'il vient de nous donner.

Au lâche désespoir ne point s'abandonner
Est le fait des grands cœurs... et tel je sais le vôtre.

D'un meilleur avenir, vous, confiant apôtre,
Vous m'avez soutenu dans mon projet; aussi,
Pour notre France aimée... et pour mon cœur : *Merci!*

Nuit du 20 au 21 juin 1872.

LES FILS DE LA FRANCE

A LA MÉMOIRE D'EUGÈNE RIFFAU

Auteur du chant patriotique dédié aux volontaires de 1870 :
(La Bordelaise).

. . . .
S'ils tombent, nos jeunes héros,
La terre en produit de nouveaux.
. . . .
(Extrait de la *Marseillaise*).

Nous étions en ébullition.

Tous les cœurs étaient émus, et, du premier au dernier, du fort au faible, du grand au petit, du riche au pauvre, tous les Français, sans exception, pensaient réellement à la Patrie et au sort qui lui serait réservé, si les Teutons, bercés par leurs succès et surpris eux-mêmes de la terreur folle qu'ils inspiraient par leur seule présence, poussaient leur témérité jusqu'à s'avancer dans le centre et le midi de la France.

Chacun avait son projet, son moyen de défense à proposer; mais entre *tous* et *chacun* une chose manquait : c'était *l'ensemble.*

Point n'était étonnant qu'un peuple impressionnable et *de coups de colliers* comme le nôtre n'eût pas d'ensemble :

Où règne le confusion, finira toujours par dominer Babel.

Or, nul ne saurait dire quel était le degré de confusion dans laquelle nous nous trouvions tous!...

Mais, et c'est ce qui nous honore, au milieu de ce tohu-bohu vertigineux, je dirai presque maladif; des intelligences d'élite, des cœurs généreux, des âmes expansives, surmontant l'affreux désespoir qui les inondait, refoulèrent toutes leurs peines, et, bravement (quoique sans foi profonde en leur tentative), exécutèrent des choses *de genres différents;* pour, autant que possible, remonter le moral des populations irritées et terrifiées à la fois.

En première ligne des choses dont je parle, il est une œuvre qu'en ma qualité de chansonnier, et sans la mettre la première, je place au premier rang.

C'est LA BORDELAISE !

Qui ne se souvient de cet entraînant accord que divers groupes de jeunes gens répétaient, avec autant d'âme que de goût, dans les faubourgs et au cœur de la ville !

Malgré soi on se sentait ému lorsque éclatait cet énergique appel :

« Allons ! debout, fils de la France !
« C'est notre mère, en sa vaillance,
« Qui nous appelle à mille cris !
« Allons ! debout ! *debout !* plus de proscrits. »

Et le reste du refrain, qui est à la hauteur, comme sentiment, de ce que je viens de citer, achevait d'électriser les cœurs !

Et j'ai vu bien des gens, ne chantant jamais, répéter avec les jeunes choristes :

Battez, battez, tambours ! »

....

La Marseillaise était usée.

Le Gouvernement tombé l'avait entraînée avec lui, parce que dans sa bouche et celle de ses satellites, elle avait perdu son vrai cachet de patriotisme. Elle était devenue une dérision, un non sens, un anachronisme.

Eugène Riffau avait dû sentir ce que je viens d'essayer d'exprimer, et je suis convaincu que si ses moyens d'existence (que j'ignore, ne connaissant de lui que son nom et sa chanson que j'ai achetée pour en étudier l'air et me conformer rigoureusement à sa facture), je suis convaincu, dis-je, que si ses moyens d'existence avaient pu lui permettre de parcourir toute la France non envahie, avec un groupe de chanteurs à l'instar de celui des *quarante montagnards*, les échos de *La Bordelaise* eussent éveillé bien des enthousiasmes et produit de chaleureux et irrésistibles élans.

Telle est mon opinion.

Libre à chacun de la contredire.

Toujours est-il, que *La Bordelaise* a dû peu se propager hors de Bordeaux.

Et toujours est-il, aussi, qu'Eugène Riffau a des droits authentiques à la reconnaissance publique, pour sa noble intention qui n'était rien moins que de la morale en action.

Je suis heureux et fier de voir que c'est à un enfant des Chartrons que le hasard confie le soin de rappeler la patriotique mémoire d'un autre Chartronnais.

Eh bien ! l'idée m'est venue (à moi, pauvre aligneur de chiffres, écrasé sous un travail QU'ON NE VEUT *ni comprendre ni apprécier* et que ceux qui le font faire ne *feraient pas*), l'idée m'est venue de prendre cet air martial, cette marche guerrière, et d'en faire une *Marseillaise à moi*, mais *pour tous*.

Seulement, ma nouvelle *Marseillaise* :

LES FILS DE LA FRANCE

que je voudrais pouvoir chanter sur toutes les scènes, pour me faire sentir et comprendre à fond, n'a pas la colère, la vengeance et la haine pour mobiles ; elle n'est pas pour telle caste contre telles autres ; elle est *pour tous*, pour toutes les patries ; et sa base, son mobile est l'*amour*, l'amour de *chacun pour tous*, de *tous pour chacun*.

Je sais que la tâche était rude, la difficulté grande ; mais j'ai bravé celle-ci, je ne me suis pas inquiété de celle-là.. et j'ai marché.

Au public à me juger.

Il est bon, toutefois, que je me confesse à ce public qui, tout égoïste qu'il paraît être, a toujours aimé l'initiative généreuse, de quelque côté que son aurore se soit montrée.

J'ai trouvé le refrain de *La Bordelaise* trop long et, conséquence inévitable, le couplet trop court.

Pour remédier à cela, j'ai pris la première moitié du refrain (allons! debout! *etc.*), et je l'ai *ajoutée* aux quatre lignes formant les couplets de Riffau.

Cependant, une chose me chiffonnait, je dois en convenir, dans cette partie primitive du refrain que j'ajoutais à mes couplets.

C'était le mot *debout*, ce *bis* que j'ai souligné plus haut.

Les notes de Riffau sont tellement accentuées et importantes sur ces deux syllabes : *de-bout!* et je voulais tellement éviter ce *bis* pour ne pas paraître un trivial plagiaire ou imitateur, que pour y arriver j'ai dû, la nuit, en *pleurant*, regarder très souvent, sans la voir, ma petite lampe... c'est comme cela pourtant.

A ma grande satisfaction (puisse-t-elle être partagée), j'ai fait ce que je voulais faire!!

J'ai remplacé les deux syllabes *de-bout* (bissées) par *un mot* de deux syllabes ou *deux mots* d'une syllabe chacun, ce qui revient au même.

Et ces mots dont je parle sont tous *frappés* et seront tous *frappants* par leur signification, si celui qui sait chanter veut, dans *Les Fils de la France*, suivre rigoureusement l'air, le ton et l'expression que le pauvre Eugène Riffau a voulu graver dans *La Bordelaise.*

Du reste, et sans scinder un seul mot, à cause de la musique du regrettable auteur et compositeur dont nous nous occupons, *toutes* les lignes et à *tous* mes couplets, les vers (de huit pieds) ont une césure à la quatrième syllabe.

....

....

J'avais fini; mais, avant de poser la plume, il faut bien que je déclare qu'environ un mois et demi après avoir fait *Les Fils de la France*, la pensée me vint en regardant la musique de Riffau que, peut-être, *mon hymne* (c'est un ami qui baptise ainsi ma chanson), ne serait pas facile à chanter par tout le monde.

La musique commence juste par le refrain : *Allons! debout! etc.*

Diable ! c'est donc ça qui est malheureux !... me disais-je à part moi.

Il n'y avait que ça de malheureux, mais ça y était.

Comment se tirer de là ?

Vite *un levier* pour soulever ce poids qui m'écrase.

J'ai cherché, j'ai trouvé... et ce que j'ai trouvé m'a été d'autant plus pénible à faire que je regardais *Les Fils de la France* comme bien parachevés... et ils l'étaient.

Comment ajouter du contenu à un contenant plein ?

En prenant avec adresse toutes les précautions possibles.

J'ai pris mes précautions, j'ai fait en sorte d'être adroit et j'ai créé et mis au monde ce que j'appelle *pour moi*, *l'entrée de l'air* : le quatrain précédant, à la première lecture, mon pauvre petit refrain.

De cette façon, en se conformant aux notes données, il sera facile, je l'espère, d'apprendre *Les Fils de la France* avec la musique même de *La Bordelaise.*

Sur ce, et dans cet espoir, charmante lectrice, ami lecteur et amateurs de chants, tous aimant comme moi la Pâtrie, bonsoir, je vais me coucher. Puissé-je rêver que nous chantons tous ensemble :

« Dans l'espérance
« De meilleurs jours,
« Fils de la France,
« Chantons, chantons, toujours ! »

Nuit du 21 juin 1872, après la première représentation de *Rabagas !...* Eh ! Dieu ! que c'était joli !... Je ne vous dis que ça... J'ai pourtant envie de vous dire avant de vous quitter le dernier mot de l'épicier Bonacieux, assommé sous un coup de poing de Porthos (voir les *Trois-Mousquetaires* ou *Vingt ans après* ou... d'Alexandre Dumas) : « Ouf ! »

Nota. — Un éditeur de Paris a eu l'idée de publier sous ce titre : *Chants de guerre*, un recueil des vers chantants nés de l'affreuse situation dans laquelle nous mit cette terrible guerre de 1870-71.

La chanson de Riffau ne s'y trouve pas.

Elle a pourtant été publiée et a dû voir plus de contrées que certaines pièces se trouvant dans le recueil en question.

Nous réparons ici cette regrettable omission.

LES FILS DE LA FRANCE

Air de *La Bordelaise*.

ENTRÉE DE L'AIR.

Assez gémir, car, sous les armes,
Notre ennemi rit de nos larmes.
Sur notre sol, qu'il foule encor,
A des chants neufs *sachons* donner l'essor.

REFRAIN :

Dans l'espérance
De meilleurs jours,
Fils de la France,
Chantons, chantons toujours.

Après avoir dans les tempêtes
Saisi tout bras vers nous tendu,
On nous a vus courber nos têtes
Sous l'ouragan inattendu.
Fatalité!... notre surprise
Par l'ennemi fut trop comprise.
Il se rua comme un vautour
Sur notre sol... *A nous*, plus tard, le tour!

Dans l'espérance, etc.

Le vœu formé je le rétracte.
Sous nos revers est l'hameçon
Qui du progrès retient l'entr'acte,
Donnant à tous une leçon :
Chaque conteur de notre histoire
Nous parlait tant de la Victoire,
Que nous vivions du souvenir
D'un passé mort... *Vivons* pour l'avenir!

Dans l'espérance, etc.

Tout nous paraît anachronisme,
Et cependant rien n'est obscur :
Quel peuple n'eût son cataclysme?
Quel ciel, toujours, fut tout d'azur?
Nous avons eu nos jours de fêtes!
Notre ennemi bien des défaites!
L'aveugle sort, muet pour tous,
Hier pour eux... *demain* sera pour nous!

Dans l'espérance, etc.

L'Alsace, hélas! et la Lorraine,
Ces nobles sœurs sont dans les fers.
L'Allemagne est leur souveraine,
Ses rudes lois sont leurs enfers.
Nos vœux, aux leurs, savent se joindre.
Dans l'avenir que l'on voit poindre,
Leurs conquérants se souviendront
Que, par l'amour, *nos sœurs* nous reviendront!

Dans l'espérance, etc.

Pour leur pays, nos premiers pères
Chantaient l'honneur et les combats.

Nous chantions, nous, aux temps prospères,
Le vin, l'amour et leurs ébats.
Mais, nul n'avait l'âme attendrie
Quand le doux nom de la Patrie
Se présentait dans nos refrains...
Pourtant ce nom, *tout seul*, brisait des freins!

Dans l'espérance, etc.

Nous avons pu, France éplorée,
En ton grand nom manquer de foi;
Mais maintenant, mère adorée,
Nous serons tous dignes de toi.
De la raison, la voix maîtresse,
Nous dit que ceux brûlant sans cesse
Des mêmes feux dont nous brûlons,
Ne peuvent pas *marcher* à reculons!

Dans l'espérance
De meilleurs jours,
Fils de la France
Chantons, chantons toujours.

14 avril 1872.

LE BOUQUET DE FLEURS D'ORANGER

A LA MÉMOIRE D'EULALIE-EUGÉNIE B...

Morte le 19 décembre 1845, à l'âge de 15 ans et 7 mois !

O douce et gracieuse vierge ! qui as emporté dans le tombeau et ton amour et mon souvenir, reçois ici, bien que tardivement, le témoignage de ma reconnaissance et de mon respect !

Ma reconnaissance t'est due, ô bel ange ! parce que, sans aucune restriction et toujours chaste, tu sus, par ton naïf et profond premier et dernier amour, apaiser les brûlantes et terribles flammes qu'un fatal mais trop long premier amour avait allumées dans mon cœur débordant de sève et de vie.

Mon respect t'est dû également, ô ombre radieuse ! qui viens parfois, la nuit, t'interposer entre ma lampe et moi ; parce qu'en ces instants où tu éclipses de ta lumineuse auréole les pâles rayons de ma lumière, tu me donnes des conseils et des avis que toujours je me plais à écouter, que très souvent je m'empresse de suivre, ô ombre chérie !

Tu nous as quittés bien jeune, ô Eugénie ! pauvre petite colombe arrachée violemment de son nid !

Eh bien ! malgré ton départ précipité, malgré ta séparation de nous tous, séparation autant inattendue que désolante, j'ai reçu, que dis-je ? ô ma première fille exilée ! je reçois de toi les plus graves et les plus précieux enseignements.

Pourtant?... je le répète, tu étais bien jeune ! ! !

Tu l'es encore, ô fille du ciel !

Car la pensée immortelle, l'âme, ne peut ni ne doit vieillir

Mais, comme sur cette terre, toujours métamorphosable, *on est vieux quand on va mourir*, tu as été mon guide, mon Mentor, en maintes circonstances.

Ah ! que n'ai-je suivi sans cesse tes mystérieuses inspirations, ô ma blanche colombe !...

Enfin !... J'écoute la dernière, et, bien que scindée par un intervalle de treize mois, c'est la même pensée qui m'a guidé : *ton souvenir*, et le même but que j'ai poursuivi : *Le bouquet de fleurs d'oranger !...* ce bouquet virginal que tu tenais tant, ô jeune bien-aimée, à me voir te placer sur ton sein immaculé !

....

Hélas ! c'est le tombeau qui a été ton trop fidèle fiancé... Le laurier béni de la mort s'est placé où devait être le bouquet, béni aussi, de l'épousée... Les larmes et les chants funèbres ont, à tout jamais, devancé les rires et les chants joyeux ; et, au lieu de voir une couronne nuptiale sur ta tête majestueuse par la candeur séraphique de sa beauté, on a pu voir et je vois toujours, par l'esprit, une croix et une couronne blanches surmonter un tertre de terre argileuse suintant la mort par toutes ses fissures...

....

Eugénie !... Eugénie !.. toi qui étais si chastement joyeuse de te voir, dans l'avenir, *mon Eugénie;* viens, de ton ombre diaphane et paisible, rafraîchir mon cerveau brûlé par le travail et les veillées; viens me redire ces mots mystiques dont tout d'abord je ne comprends pas bien le sens; mais qui, plus tard, se traduisent d'eux-mêmes si clairement dans mon cœur; viens me dire que *Le Bouquet de fleurs d'oranger* est digne de toi, si ce n'est par la forme (vu mon ignorance et mon incapacité), par le fond!... Viens me dire qu'il est digne de toutes les jeunes fleurs qui, comme toi dans le temps, ô suave rose d'amour brisée par l'ouragan, désirent voir sur leur sein l'emblême de leur innocence et de leur espoir de bonheur!... Viens, viens surtout, ô chaste et douce victime de la fatalité! me dire que *ce bouquet* peut être offert à ma Patrie, à cette pauvre mère désolée de laquelle ta dépouille mortelle fait partie... Viens me dire que par toi, ô Eugénie, on comprendra cet amour pour mon pays, amour auquel je veux consacrer toute l'énergie, tous les sentiments qui sont en moi!!...

Tu le sais, ô douce vierge si promptement, si brutalement éteinte dans ta respectable ignorance, je ne t'ai appris qu'à te savoir aimée!... Un moment de délire a pu menacer de t'être fatal, mais ce moment, dont la durée n'a pas été aussi longue que la description que j'en fais, a passé sur ton cœur de vierge sans même l'effleurer...

Fais qu'il en soit ainsi, ô mon second ange gardien, auprès de toutes mes lectrices!

Dis-leur qu'elles ne s'effarouchent pas outre mesure de quelques notes leur paraissant trop vibrantes.

Cette émotion, que plusieurs éprouveront, tu ne l'éprouvas pas, toi, jeune cygne! qui sitôt, hélas! a chanté ton dernier chant!...

Cette émotion ne sera que passagère, dis-le leur bien; assure-leur, ô bel ange! que le calme le plus serein succèdera à la crainte de la tempête qu'elles croiront pressentir...

Dis-leur, à ces aimables lectrices qui, toutes, si elles t'eussent connues, se fussent fait une gloire de t'aimer sans te jalouser; dis-leur que je leur promets des choses inattendues, douces et terribles, si elles me soutiennent et me font soutenir, en m'aimant comme je les aime, comme je t'ai aimée, ô immortelle Eugénie!...

Dis-leur que ce n'est que depuis peu d'années que je comprends la haine; mais dis-leur aussi que trois choses ont rempli ma vie : travailler, souffrir et aimer; dis-leur que cette dernière passion a dominé, dominera toujours les autres et me suivra jusqu'au tombeau.

N'ai-je pas voué à notre France bien-aimée un amour aussi profond qu'elle est grande, aussi durable qu'elle est belle?

Adieu... mais au revoir, Eugénie...

Ta vaporeuse silhouette se représentera de nouveau à moi, et, de nouveau, je t'adresserai un de ces chants dans lesquels s'enivre mon âme!!

1er juin 1872.

LE BOUQUET DE FLEURS D'ORANGER

Hélas ! que j'en ai vu mourir de jeunes filles !
(*Les Fantômes*, V. HUGO.)

I

J'avais vingt ans... J'étais à l'âge où tout est beau,
Où le doute n'est rien ; où de son gai flambeau
L'espoir, rayon du ciel, colore toute chose.
Je croyais éternels les parfums de la rose,
Les protestations d'une aveugle amitié,
Les promesses d'amour, l'élan de la pitié...
Comme je me trompais !... J'étais semblable aux autres...
A ceux qui du même âge étaient les vifs apôtres.

Tout homme au front levé me paraissait charmant.
Nul propos décousu n'était trop alarmant.
Si les rimes, souvent, me paraissaient rebelles,
Les femmes me semblaient toujours bonnes et belles...

Et cependant, déjà, l'amour le plus profond
Avait frappé mon cœur du sous-sol au plafond...

Mais cet amour fatal pour un démon, un ange,
(Amour devant finir d'une façon étrange,)

Avait, par son objet, pris l'oubli pour chemin...
Moi je m'étourdissais... et sur mon parchemin
(*Mon cœur*), je notais l'art de faire des conquêtes.

Parmi celles offrant un appât aux requêtes,
Je remarquai, je vis une fille, une enfant,
Dont l'œil, cherchant l'amour que la mère défend,
Fit jaillir de mon œil un éclair magnétique!...

D'un amour virginal, ô candeur poétique!
Dieux! qu'il est généreux le cœur lorsqu'il est neuf
Et que de bons penchants il n'est point encor veuf!
Qu'il aime à retrouver sa primitive image!

Comme à la vérité je tiens à rendre hommage,
Je dois dire bien haut que mon premier penchant
Vit dormir les échos de son éternel chant...

Je me pris à chérir cet ange au front d'ivoire,
Dont le vif incarnat, la chevelure noire
Semblaient d'un arc-en-ciel refléter les couleurs.

Que le jour le plus beau renferme de douleurs!...

Et certes, il le fut, beau, le jour où sa bouche,
Ignorant les détours d'une pudeur farouche,
Me fit le franc aveu de son amour pour moi...
Pensant voir le bonheur dans son nouvel émoi,
Joyeuse, elle suivait le courant de son âme.
Je le suivais aussi...

Je voyais une femme
Au petit pied mignon, à jambe faite au tour,
Aux appas séduisants... jusqu'à troubler l'amour!...
Et j'avais, par sa voix, droit de dire : *Elle m'aime!*...
J'oubliais tout près d'elle!... Ah! qui n'eût fait de même?...

Un jour... Nous étions seuls, bien seuls... avec nos cœurs,
Tout près du ciel... mais loin du monde et des moqueurs;
Sur mes genoux, tremblant le frisson du délire,
Je la tenais...

Nos voix, comme une double lyre,
Dans l'atmosphère en feu répercutaient leurs sons..
Ce n'était ni refrains, ni couplets, ni chansons!...
C'était les notes d'or de l'hymne universelle
Que chante, tôt ou tard, volcan d'une étincelle,
Le cœur, pauvre ignorant, qui se réveille un jour
Pour aller desservir le temple de l'amour...

Je lui dis :
— « Mon enfant!... tu m'aimes, soit bénie!
Moi, je t'aime et... je souffre... Eugénie!... Eugénie!...
Prouve-moi cet amour... Bel ange, sois à moi.
Tu seras sous mon joug... mais... je suivrai ta loi...
Ivre par tes baisers... je veux d'autres caresses...
Seul, le ciel deviendra témoin de nos ivresses...
... Dis-moi, ne sens-tu point un inconnu désir?...
Le bonheur n'est-il pas un fantôme à saisir?...
Ne voudrais-tu pas voir nos âmes réunies
Et confondre, tout bas, leurs douces harmonies?...
... Mais tout d'abord, je dois, sans te contrarier,
Te dire que plus tard je veux me marier.
Avant l'âge où la loi s'empare de tout homme
Je ne puis... ni ne dois me lier...
C'est tout comme.
Je te jure et promets d'être un jour ton époux... »

Je dis...
Et son regard, toujours pur, toujours doux,
Sans se troubler de honte ou briller de colère,
Devint plus franc.

« *Ami*, dit-elle, je tolère
Tout ce que ton amour te fait me dire ici...

Moi, pour me marier, *j'ai le temps*, Dieu merci...
Tu m'aimes! .. tout est là... *je puis fort bien attendre*...
... Mais ce que tu voudrais et que ta voix, plus tendre,
Réclame avec instance?... *Ami*... je n'en sais rien...
Désir?... Bonheur??... Ivresse???... Ah! ce que je sais bien
C'est qu'avec ton amour je suis toujours heureuse...
C'est que je suis à toi... c'est que moi, si peureuse,
Je ne vois dans tes bras pas une ombre de peur...
Pas un seul de tes mots ne me paraît trompeur.
Tout mon être est à toi... Libre, je te le livre.
Pour toi mon cœur sera le plus éloquent livre :
Prends-le... prends-moi... prends tout...
Je bénis le hasard
Qui nous force tous deux à nous unir... *plus tard*. »
Et l'enfant m'embrassa...
... J'étais devenu triste.
Dans son naïf discours, dont je suivais la piste,
Par trois fois j'avais vu quelque chose d'obscur...

Tel dans l'été l'on voit du fond d'un ciel d'azur
Surgir un petit point d'où naîtra la tempête,
Et tel un ouragan de mon cœur à ma tête
Se formait... J'éprouvais des remords bien cuisants...

— « Mais quel âge as-tu donc ? » — « Je n'ai pas *quatorze ans*. »

O malédiction!... Empressement sinistre!...
Du mal, pour cette enfant, je deviendrais ministre?
Oh! non ... va.. je saurais combattre un fol amour .

Elle ne parlait plus... elle attendait mon tour.

Je la pris doucement, comme une chose sainte,
Et lui dis :
— « Eugénie!... oh!... sois *toujours* sans crainte.
Je ne cesserai pas de t'aimer, mais, il faut
Qu'aidé par la raison je tempère un défaut

Dont j'allais, malgré moi, te rendre la victime...
Moi... te prendre... à présent!... mais ce serait un crime!
Je te pensais avoir *deux* ou *trois* ans de plus...
Moi... te flétrir... jeune ange?... oh non... vœux superflus!...
Ce serait polluer la vierge confiante
Qui, ne sachant pourquoi se faire défiante,
Par ingénuité livrerait son honneur.

....

Aujourd'hui le repos... à plus tard le bonheur.

Afin d'être certain de te conserver pure
Et n'avoir point, tous deux, l'esprit à la torture.
De toi, ma noble enfant, je vais me séparer...
Mon cœur, songeant au tien, n'ira pas s'égarer.
Il doit se corriger de son impatience...
De tout ce que je dis, ici, j'ai conscience.
Je reviendrai vers toi... quand l'heure sonnera
Pour ton cœur, sachant bien ce qu'il me donnera... »

— « Oui... me répondit-elle, en répandant des larmes.
Je ne te comprends pas... mais ta voix a des charmes
Que je subis quand même... et, pour toi, je ferai
Tout ce que tu voudras... tout ce que je pourrai...
Seulement, souviens-toi que je suis jalousée
Par Nelly, par ma sœur!... et que, ton épousée,
Je ne veux *que de toi*, pour moi voir s'arranger
Un Bouquet de fleurs d'oranger!... »

....

Un baiser .. le dernier... réunit nos deux âmes.
Nous nous dîmes adieu... puis nous nous séparâmes.

!!!!!

II

Je changeai de quartier...
De cet amour, au loin,
Le souvenir était l'unique et seul témoin.
Je ne supposais pas une absence éternelle !
Si cette liaison eût été fraternelle
Nous eussions pu nous voir... mais... j'avais peur de moi..

La marée et l'amour n'attendent pas le roi.

Je craignais le danger pour cette âme si chaste !

L'amour est, ici-bas, une mer large, vaste
Et profonde, où les cœurs trouvent plus d'un écueil.
L'amour met, trop souvent, l'honneur dans le cercueil...

Mon cœur me parlait d'elle... et (sans voir Eugénie),
Elle était mon trésor, mon seul *vrai* bon génie.
Ne la rencontrant plus, je ne lui parlais point,
Mais je croyais sentir notre rencontre à point.

Que de besoins d'aimer chez moi se refoulèrent!..

Toujours en attendant de longs mois s'écoulèrent.
Mais un dimanche (1) enfin, j'allai voir des amis
Sachant ce qu'à nous deux nous nous étions promis.

Lorsque j'y fus, je vis pleurer la vieille femme.

— « Qu'avez-vous? » m'écriai-je... — « Ah! j'ai la mort dans l'âme.
Hélas!.. si vous saviez!.. aujourd'hui!.. » — « Mais.. quoi donc? »
— « Quiconque est souple et fort le devient moins qu'un jonc
Quand l'heure du trépas sonne, passe et l'emporte.
Jugez d'*Elle!..* » — « *Elle!.. Qui?..* » — « *Notre* Eugénie est morte!
En huit jours un gros rhume, un malheureux coup-d'air
L'enlève à notre amour... pauvre petit éclair!...
Sans jamais vous nommer, jusqu'à sa dernière heure
Elle parlait *de vous*, dans sa sombre demeure :

« Moi, j'ai mon bon *Ami*... Vous le connaissez tous...
« Il ressemble au portrait que vous avez chez vous.
« Lorsque ce bien-aimé saura ma maladie,
« Vite il viendra me voir... *Jamais* la perfidie
« Ne noircit ses projets plus ou moins superflus;
« Et si l'on doit aimer lorsqu'on n'existe plus,
« Je l'aimerai *toujours*... car il m'a respectée!...
Je sais sa bonne foi, par d'autres suspectée.
« Je recevrai de lui, *mon mari*, sans danger,
« *Un bouquet de fleurs d'oranger...* »

Angoulême, avril 1871.

....
....

Lisbeth se tut... sa voix sous le feu de la fièvre,
Bien qu'éteinte pourtant, crispait toujours sa lèvre;

(1) Le dimanche 21 décembre 1845.

Et moi je l'écoutais, je l'entendais encor
Vibrer plus fortement que les échos d'un cor.

J'aurais voulu parler, agir; mais sur ma bouche,
Où je sentais se tordre un sourire farouche,
Les accents expiraient, assemblage diffus
De soupirs et de sons aux murmures confus.

Tout mon être, brisé sous l'affreuse nouvelle,
M'empêchait de sentir bouillonner ma cervelle.
Chancelant, je tremblais, sans feindre ma stupeur,
Comme un homme ivre ou comme un homme ayant eu peur.

Pour Lisbeth et pour moi cet instant fut terrible!
L'un à l'autre chacun devait paraître horrible.
Du doux ange envolé le souvenir bien cher
En nous montrant le ciel nous plongeait dans l'enfer...

Je regardai Lisbeth... ses traits étaient livides,
Ses yeux, comme les miens, de larmes étaient vides.
Tous deux, double statue ombre du Commandeur,
D'un foudroyant effroi nous formions la splendeur.
Dans nos regards absents se lisait une phrase
Sous laquelle, pareils aux objets qu'on écrase,
Nos deux cœurs gémissaient en se pulvérisant.
Cette phrase, pour nous se caractérisant,
Mane-Thecel-Phares suspendu sur nos âmes,
Apparaissait partout, sombres ou claires flammes,
En feux fixes, rongeant les parois des vieux murs;
En feux follets, troublant les coins les plus obscurs.
Cette phrase en trois mots, provoquant le sarcasme,
De nos cœurs éperdus répercutant le spasme,
Un spectre la suivait de son index hideux...
Et son geste semblait faire que, pour tous deux,
Le vide autour de nous, derrière nous la porte
Qui grinçait sur ses gonds, murmuraient : *Elle est morte!...*
....

Le silence lui-même exaltant nos erreurs,
En affirmant le fait accroissait nos terreurs.

Quand pour les sens troublés rien n'est compréhensible,
De l'être le plus pur, du cœur le plus sensible,
La douleur devient, presque, une dérision :
On se sent exister dans l'indécision;
Au physique, au moral, dans le pour ou le contre,
C'est constamment la vie, au fond, que l'on rencontre;
Mais lorsqu'en soi l'on n'a qu'anéantissement,
Lorsqu'on n'entend de rien nul avertissement,
Et qu'on vit sans savoir qu'on existe... et qu'on souffre,
La vie ou la raison dans un monstrueux gouffre
Au moindre choc brutal sont prêtes à tomber.

Hélas! comme la chair l'esprit peut succomber.

Lisbeth et moi, broyés sous une même épreuve,
Nous en pouvions fournir la trop palpable preuve...

Mais Lisbeth, fléchissant sur ses tremblants genoux,
A l'insu de tous deux, nous fit renaître à nous.

La voyant chanceler je m'élançai vers elle.
L'amitié s'éveillant, me donna force et zèle...
Je la pris dans mes bras, je sus trouver des mots
Qui de son cœur flétri soulagèrent les maux.

III

Aux accents de ma voix depuis longtemps muette,
La vieille tressaillit... son oreille inquiète
Semblait ouïr des sons pour la première fois.
Elle me regarda...
Je rencontre parfois
Ce regard contenant, sous sa mélancolie,
Deux éclairs : l'un de doute, et l'autre de folie.

Ce regard qui n'a rien à traduire au moqueur,
Comme un trait acéré vint me frapper au cœur.
Ah ! je compris, alors, ma douleur par la sienne !...
Celle-ci me fit peur... elle était plus ancienne,
Conséquemment plus grave...
Aux vieillards qui n'ont plus
A formuler des vœux qu'ils savent superflus,
Chaque rêve envolé, chaque être aimé qui tombe,
Les attire, ou, pensifs, les pousse vers la tombe.
Quand le vide, autour d'eux, se peuple de cyprès,
Ils songent à la mort... qu'ils frôlent de si près...

Le terrible inconnu qui du cercueil suit l'ombre
Donne aux cœurs attristés une teinte plus sombre.

Le coup-d'œil égaré de Lisbeth me fit voir
Son âme, dont le fond n'était que désespoir.

Cherchant à dissiper cette douleur amère
Je pris la pauvre vieille un instant pour ma mère.
Dans son sein agité je fis entrer, vainqueur,
Tout l'amour filial que contenait mon cœur.

N'ayant jamais connu les mystérieux charmes
Que la maternité trouve au fond de ses larmes,
La douleur de Lisbeth à ma voix se troubla.

Pour arriver au sien mon cœur se dédoubla,
Et, bravant les tourments d'une torture infâme,
Sous mes baisers de fils parut enfin la femme...
De notre embrassement, la douce pureté,
De cet instant d'effroi calma la dureté.

Toute intention bonne en elle a sa noblesse.

Lisbeth prit de ma force et moi de sa faiblesse.
Nos cœurs se rapprochant comme nos deux cerveaux
Sous un même zénith n'eurent plus deux niveaux.
Arrivés à ce point nos sens se confondirent.
Aux pleurs de l'un les pleurs de l'autre répondirent.

Ces pleurs, bien que brûlants, nous sauvèrent tous deux.

Le passé s'éclaircit, l'avenir hasardeux
Se montra roulant tout sous sa chance incertaine.
Son indécision nous parut moins hautaine.
Nous comprîmes pour tous la mort et les dangers.
Nous vîmes des grands deuils couper toutes les routes!!
Dans le trouble des cœurs nous vîmes les déroutes
Des bouquets de fleurs d'orangers!!!

....
....

Le malheur général fit le calme du nôtre.

Lorsqu'on songe que nul n'est mieux traité qu'un autre
Devant l'aveugle loi qui nous rappelle à Dieu,
On ne doit pas au bien dire un dernier adieu.
Tout le contraire, on doit affronter la tempête
Et trouver du sang-froid pour le cœur et la tête.

Nous le fîmes...
Nos yeux, élevés vers le ciel,
Contenaient bien encor des pleurs, mais non du fiel.

Du doux ange éclairant le zénith de nos âmes,
Avant de nous quitter, un instant nous causâmes.
Puis je partis disant à Lisbeth : *Au revoir !*

Je tenais à remplir un funèbre devoir.

Sans que mon trouble affreux dans mon regard se lise
Je dirigeai mes pas vers la modeste église (1)
Où la pauvre Eugénie avait souvent prié...
....
On psalmodiait sur elle !... et moi j'aurais crié !!...

J'accompagnai son corps jusques au cimetière.
J'aurais voulu donner mon existence entière
Pour ne pas savoir, là, froide, dans son cercueil,
La vierge dont mon cœur porte toujours le deuil...
Par les yeux de l'esprit je voyais son image...
Son honneur conservé me rendait un hommage
Dont j'étais presque fier...
Qui n'eût pas un moment
Dans sa vie, où le cœur, sans trop savoir comment,
Peut rêver d'accomplir des choses monstrueuses ?
Qui n'a jamais suivi des routes tortueuses ?...
Qui, toujours trébuchant, s'est toujours relevé ?...
A qui laissa tomber le voile soulevé

(1) Celle de Saint-Martial.

Quand sous ce voile absent il vit une prière,
Qui jettera le blâme et la première pierre?...

Aussi, le croirait-on?... sous mon lugubre émoi,
Je le confesse, ici, j'étais content de moi...

Nul n'eût vu sur mon front une impression fausse
Lorsque je m'éloignai tristement de la fosse
Dérobant à la terre un trésor de beauté...

Je ne distinguais plus le monde à mon côté...
Je voyais Eugénie, et sa vaporeuse ombre
Rendait mon jour plus noir et ma nuit bien moins sombre.
Sa croix, que je voulais orner de rayons d'or,
Se plaçait sur mon cœur, s'interposait encor
Entre mon froid burin et ma vue obscurcie...

Je n'avais pas, alors, cette âme rendurcie
Qui, sous mon cœur, toujours jeune, vibre parfois.
Oh! non...
Mais j'entendais, m'appelant, quelquefois,
Une voix ressemblant à celle d'Eugénie...

Cette voix me disait :
— « Là haut, je suis bénie.
Mon Ami, jette au loin compas, burins, crayons.
Eh!... que me font à moi, ces fragiles rayons?...
Le temps, qui flétrit tout, ternira leur dorure.
Ne m'as-tu pas laissé ma plus belle parure :
Mon innocence?... Eh bien! *je veux* que l'avenir
Te trouve conservant toujours mon souvenir...
Foule ou ne foule pas la terre où je repose;
Mais avec le pouvoir dont ton cerveau dispose,
Je désire qu'un jour tu saches m'arranger
Un bouquet de fleurs d'oranger! »

....
....

!!!!!

IV

. . . .
. . . .

La chaste vision plusieurs fois est venue
Me rappeler, tout bas, la chose convenue;
Mais, dans les ouragans qui brisent sans pitié
Tous les projets humains, l'amour et l'amitié,
J'ai mis bien du retard à m'occuper de l'œuvre
Qui me mordait au cœur, invisible couleuvre.

De ce devoir sacré je m'acquitte, aujourd'hui.
Et dans les jours de deuil qui, sur nous tous, ont lui,
J'éprouve le besoin d'offrir à notre France
Ce pieux souvenir d'amour et de souffrance.

L'ange que j'ai chanté, du ciel, me bénira.
Sa voix, timbre muet, à ma voix s'unira
Pour dire à ma Patrie, en tout temps jalousée,
Au nom de l'avenir dont elle est l'épousée,
Qu'elle doit accepter de qui veut la venger
Le Bouquet de fleurs d'oranger.

Bordeaux, mai 1872

APPARITIONS

SPIRITUALISME

qu'il ne faut pas confondre

AVEC

SPIRITISME

Croyons aux revenants !
(*Les Revenants*, chanson de P. H. LACOURRIÈRE).

L'heure des grands réveils a sonné sa venue.
H. NADAUD.

I

?

Est-ce Argus ?...
Est-ce Méduse ?...
....

Se riant du besoin que j'ai de lui, le sommeil s'éloigne de mes paupières fatiguées ; un malaise, qui va s'accroissant, m'empêche de reposer tranquillement sur ma couche.

Mon compagnon de voyage sur cette terre vient troubler, par un majestueux et régulier ronflement, le silence de notre appartement.

Heureux ceux qui, quelques soucis qu'ils aient, trouvent le moyen de si bien tirer leur épingle dans le jeu du sommeil !

Tant qu'à moi, je prends bravement mon parti. Je me lève, je m'habille légèrement et je passe dans une autre pièce pour laisser ma femme reposer tout à son aise.

Que vais-je faire pendant quelques heures ?

Dois-je prendre un livre ou un journal ?

Dois-je, pour faire s'approcher de moi le sommeil, me mettre à table et faire un matinal déjeuner ?

Je sais que c'est une recette presque infaillible pour m'obliger à dormir ; mais, aujourd'hui, je n'en veux pas user. Il n'est pas tout-à-fait minuit, voici une heure et demie que je me tourne et retourne dans mon lit. J'ai toujours le temps de me décider à casser une croûte.

Voyons... prenons ce livre de marine et méditons avec lui, sur ce que j'ignore et qu'il devra m'apprendre.

Tiens!... Eh!... mais que se passe-t-il, ici?...

L'horizon de ma cuisine s'élargit dans tous les sens; mon livre de marine semble n'être plus sur la table... Je le vois se transformer en navire, il appareille et, toutes voiles dehors, je le vois s'élancer dans l'inconnu, puis disparaître en ne laissant pas même derrière lui ce sillon dans lequel aime à s'ébattre l'imagination...

Qui donc vient troubler mes veilles déjà si agitées?

D'où provient ce bourdonnement, qui, semblable au murmure des vagues houleuses ou au grondement lointain de la foudre, fait naître en moi une émotion profonde, sublimement mélangée de crainte, de respect et d'admiration!

D'où partent ces rayons auxquels je sers de point de centre et qui, glaives lumineux, cherchent à pénétrer mon opacité pour, en se rencontrant après m'avoir perforé, se dire entre eux ce qu'ils ont trouvé dans mon for intérieur?

....

Ciel!... Qu'aperçois-je?

Ces rayons partent d'un cercle dont la circonférence, sans limites, est formée par des yeux!

Ce bourdonnement est celui de milliers de voix, au milieu du bruit desquelles m'arrivent, enfin, quelques mots détachés dont le sens ne peut m'échapper :

— « *Fou... Intelligent... Ignorant... Observateur... Cerveau malade... Bon croyant... Rigolo... Instructif... Patriote... etc., etc...* »

Dominant toutes les voix, un écho solennel va, en se répercutant dans l'immensité, faire ouvrir plus grandement les yeux qui m'entourent...

O sublime miracle d'amour? Ces yeux, devenus les miroirs de mon âme, font lire, sur leur pupille dilatée, ce simple et grand mot : — « Patrie!... »

Mais qui donc es-tu, toi qui me plongeant dans ces hallucinations inconnues par moi, jusqu'à ce jour, viens troubler mes veilles déjà si agitées?...

— « Qui suis-je ?...

« LE PUBLIC!... »

(Battez aux champs.)

J'ai l'habitude, bonne ou mauvaise, de tutoyer tous mes amis.

La langue latine exclut le *vous*.

Parmi les mille et une raisons qui me font regretter de ne la point connaître, cette exclusion dont je viens de parler en est une principale.

Si je savais à fond cette langue morte, je me mettrais plus souvent en rapport avec Dieu.

Lui parlant comme à un vrai ami, mon langage, plus sobre, serait plus persuasif, plus énergique, et je serais bien mieux à l'aise.

Mais... ce n'est que par le cœur et l'esprit que je vois l'Être Suprême et que je lui parle.

La faiblesse de ma voix ne peut aller jusqu'à Dieu qu'à la condition (qu'il remplit généreusement), de le sentir comprendre ce que mon impuissance m'empêche de lui bien exprimer...

Ceci dit, cher Public, *vous* saurez que je *vous* vois sous des formes tellement multiples; *vous* saurez que *vous* me paraissez tellement nombreux, *vous* me semblez avoir des caractères si disparates; les parties composant *votre* tout sont si diverses; *vos* goûts frisent tellement, parfois, la bizarrerie dans tous ses extrêmes, qu'il m'est impossible de m'adresser directement à *Toi* puisqu'en *Toi* je vois *des légions*.

Or, *Légions*, à *Vous* je dis :

— « La forme prise par moi pour agencer ce premier ouvrage, n'est pas un fétiche adopté et devant, à *vos* yeux, servir de type à tous ceux qui le suivront... si *vous* m'aidez... et si *vous* avez envie de voir ce qui peut sortir du cerveau fêlé d'un homme qui, n'ayant jamais rien appris, ne doit, conséquemment, rien savoir.

« A côté des élèves de toutes autres écoles, que peut être un élève des *Ignorantins?*... Surtout un comme moi, qui aime et respecte toujours ses excellents premiers maîtres; mais qui, néanmoins, signe les pétitions réclamant l'instruction gratuite, obligatoire et... laïque... parce qu'il sent qu'on a renversé le proverbe : *Aide-toi, le ciel t'aidera*...

On nous a beaucoup trop fait compter sur le ciel qui, voyant notre mollesse, n'a pas voulu aider des gens ne s'aidant pas...

« Et dire qu'avec toutes ces raisons attestant de ma nullité, j'ai l'infirmité d'en laisser deviner une autre, au milieu de laquelle on doit avec mépris et dédain, lire cet ignoble et satanique mot :

POÈTE !...

« (En prononçant ce mot, cher Public, *vous* devez tordre la bouche et le nez; puis, soit à droite, soit à gauche, détourner la tête et les yeux, en jetant un regard dédaigneux par-dessus l'épaule, comme si vous disiez : — « *Pouah!* » ...à l'instar de MM. X, Y, Z, etc., avec lesquels nous ferons connaissance... plus tard.)

« Ah! mille pardons, je louvoyais...

« Reprenons notre route et notre causerie. Une légère brise vient rafraîchir notre cerveau. Nous allons nous laisser mollement dériver aux caprices de l'imagination.

« Je recommence le feu :

« Si *vous* me trouvez seulement parmi *vous* tous, *cent vingt lecteurs*, je dis bien : CENT VINGT LECTEURS, *me garantissant chacun cinq centimes*, UN SOU, par jour, je *vous* promets, *à tous*, les lectures les plus variées, les plus originales qui se puissent faire.

N'ayant plus le terrible échafaud, toujours dressé, d'une tâche impossible à remplir; ce ne serait pas le cerveau perdu dans une avalanche de chiffres, que j'irais faire pour *vous* un assemblage monstrueux de lettres. Ma vue, reposée comme mon esprit, ne laisserait pas s'échapper les fautes qui, indubitablement, émailleront ce travail que je *vous* offre, pourtant, avec l'espoir de le voir accepté et... pardonné.

« Mon esprit, toujours dispos, mais plus ou moins fatigué, ne se consacrant qu'à *vous*, acquerra plus de fixité *qu'il ne paraît en avoir au premier abord*.

« Ce qui ne l'empêchera pas, je *vous* le jure, de varier ses travaux à l'infini.

« De la réalité la plus prosaïque à l'impossibilité la plus chimérique, que d'échelons à gravir.

« Eh bien ! nous les escaladerons tous ces échelons fantastiques !

« Parfois, Majesté Public, car *vous* êtes un vrai *roi*, *vous* ; parfois, au moment où *vous* serez avec moi à patauger dans cette vase épaisse qu'on trouve toujours au fond du fleuve de la vie, nous donnerons tous deux un vigoureux coup de talon, et, plongeurs sans pareils comme sans rivaux, nous fendrons perpendiculairement les flots pour, en les dominant, revenir à leur surface.

« Et notre ascension ne s'arrêtera pas là, ô Public, mon ami.

« Nous traverserons la voûte éthérée.

« Nous nous assiérons, que dis-je, nous nous étendrons nonchalamment sur de beaux nuages azur et or...

« De là, en regardant autour de nous pivoter toutes les Patries, pour chacune desquelles nous aurons un salut et un sourire, je *vous* raconterai ce que je rêve pour la mienne.

« Je pourrai bien, aussi, si *vous* voulez m'accorder quelque attention, *vous* narrer les avanies qu'on a fait subir à un homme depuis treize ans et demi.

« Or, comme la raison ou le simple bon sens, son frère, suffiront, amplement, pour *vous* éclairer, point ne sera besoin d'être grand phraseur pour *vous* faire connaître où est le bon droit, et pour *vous* faire comprendre qu'il n'est pas généreux de faire *toujours* la sourde oreille quand des plaintes légitimes sont poussées *par qui que ce soit*.

« En attendant que ce moment arrive, *et il arrivera prochainement*, veuillez, je *vous* en prie, cher et bien-aimé Public, croire une chose que voici :

« Jamais les avanies les plus ignobles qu'on a fait subir à

l'homme en question ne lui ont fait couler une larme, et c'est presque toujours au milieu des pleurs que, comme moi, il a travaillé pour notre noble France... Car tout ce que je *vous* offre a été fait dans cette condition. »

— « Tout?... *faites-vous*, Public »

— « Oui, presque tout. Je *vous* l'affirme sur la mémoire de ma mère...

« *Votre* surprise ne me surprend nullement.

« Il doit paraître singulier, j'en conviens, de trouver un homme, un homme du peuple surtout, un déshérité de cette manne céleste que je nomme *l'Instruction*, prendre tant à cœur les maux de sa Patrie !

« Oh ! oui, je comprends qu'en ce siècle de scepticisme, il soit assez original de rencontrer, en bas de l'échelle sociale, un être ayant fait ses souffrances de celles de son Pays; se sentant mortellement frappé des coups qu'il a reçus ; et sacrifiant *tout*, *tout*, pour avoir le droit de l'éclairer à sa façon et de dire au peuple, son ami, son frère, que l'amour de la Patrie est si vaste, si profond, qu'en lui sont condensées toutes les autres amours!

« Par l'amour de la Patrie renaîtra la virilité et le noble courage, dans les cœurs *légers* qu'une égoïste indolence, produite par l'oubli des droits et des devoirs de tous, a rendus faibles et timides devant des ouragans qui n'eussent dus surprendre personne! »

....

A l'agitation succède le calme.

Le silence remplace le bruit.

L'ombre domine la lumière.

Ah ! Je suis seul, bien seul.

Reviens à moi, douce inspiration !

Que ton haleine, brise divine, chasse de mon cœur les souvenirs qui, malgré moi, distraisent ma pensée et la font s'écarter de son but !

Viens !... Tu sais combien je suis docile à tes avis !

Viens !... Tu sais que mon imagination pénètre, sans sourciller, dans les épais fourrés où, parfois, malicieuse et aimante, tu l'entraînes en souriant !

Viens !... j'ai besoin de me bercer avec toi sur la balançoire gigantesque des rêves les plus doux !

Viens !... que par toi mes bons lecteurs, mes douces lectrices, fassent les voyages les plus accidentés, les plus émouvants, les plus gracieux !

Viens !...

Quel léger bruit viens-je d'entendre ? ... C'est un bruit de pas... Quel est ce pas qui, comme une conscience sans reproche, s'avance calme et régulier de ce côté ?

II

DES PATRONS D'AUTREFOIS

... Mon premier patron !

Le bon, l'excellent Monsieur T. J. !

— « Oui, Henry, c'est moi.

« Bonjour, mon garçon.

« J'ai entendu tes plaintes.

« Je sympathise à tes souffrances, et, sans même vouloir connaître le travail que tu fais, je comprends à tes murmures qu'il faut que le fardeau placé sur tes épaules finisse par être bien au-dessus de tes forces, pour te récrier ainsi.

« Je n'ai jamais appris que tu te sois plains lorsque tu étais avec moi, et pourtant, je t'en donnais, parfois, de rudes corvées à faire !

« Ah ! *sac-à-papier*, les courses que tu as faites étant enfant, ont réellement dû te rendre les jambes solides, et je comprends... mais, quel âge as-tu, à présent, Henry ? »

— « Cinquante ans, depuis le 26 juin dernier, Monsieur. »

— « Oh ! diable !...

« Je ne te croyais pas si vieux.

« Comme on vieillit vite sur cette pauvre terre !... où j'avais assez vécu pour savoir, en la quittant, que ceux que j'aimais étaient placés, par mes soins, sur le chemin de la considération et du bonheur.

« Dieu m'a exaucé, *Jésus! Maria!* Que son saint nom soit béni !

« Ça fait donc que tu as cinquante ans ! »

— » Oui, Monsieur. »

— « Eh, bien ! à ton âge, et justement parce que tu as peut-être trop abusé de tes jambes, tu ne dois plus pouvoir faire ces courses longues et fréquentes d'autrefois. Ou si tu continues à en faire, elles doivent t'être bien pénibles. A moins, toutefois, qu'on fasse pour toi ce que je faisais : qu'on te paie une voiture.

« Te ressouviens-tu de cela, Henry ? »

— « Parfaitement, Monsieur T.

« Il me semble voir encore la belle montre en or, à double boitier, avec son grand cordon, que vous sortiez de votre cou pour passer au mien.

« Vous me donniez de l'argent. Vous calculiez le temps de la course et vous me disiez : tu devras me remettre tant... Et vous ne vous trompiez pas souvent, je m'en souviens fort bien, Monsieur. »

— « C'est ce que je vois...

« Mais je me souviens, aussi, Henry, que, parfois, au lieu de prendre la voiture, tu te serrais les côtes, tu prenais tes jambes à ton cou et tu faisais, en courant, des trottes à lasser un cheval.

« Comme les enfants, qui s'imaginent qu'on ne les voit pas parce qu'ils se mettent les mains sur leurs yeux *fermés*, tu t'imaginais que je ne connaissais pas ton stratagème !...

« *Deux ou trois fois*, le soir même du jour où tu me remettais ma montre et le reste de l'argent d'une course, qui n'avait pas été faite en *voiture*, j'étais renseigné sur tes marches forcées.

« Mais, comme les commissions dont je t'avais chargé avaient été bien faites et en temps opportun, je te pardonnais, *sachant* que c'était pour aider tes pauvres parents que tu agissais ainsi.

« Ah! par exemple, *sac-à-papier*, si tu avais fait ce manége trop souvent je t'aurais dit : Halte-là, mon *drôle*... Je ne veux pas que tu te rendes malade... Un bon patron doit ménager ses employés, et ce n'est pas afin de te voir t'éreinter, pour te garder un argent sur lequel je ne compte plus, que je veux te payer une voiture.

« Du reste, je te l'ai fait comprendre une fois, et je crois, même, qu'à partir de ce moment tu as toujours roulé voiture quand je t'ai donné de l'argent pour le faire.

« Tu rougis, Henry!... que tu es donc sot, va... Je ne me fâche pas... Je t'annonce seulement que je n'étais pas dupe de ta manière de faire en quelques occasions... Je n'ai jamais regardé cela comme une faute grave... C'était, de ta part, de la... naïveté.

Tu étais, alors, un honnête enfant incapable de nuire à tes maitres... Je me plais à croire qu'aujourd'hui tu es un honnête homme qui, pour favoriser un commerçant, *un entrepreneur*, ne chercherait pas à tromper un patron, *une administration*... »

— Oh! Monsieur!... je vous... »

— « Chut!... Tais-toi .. Il me semble entendre quelqu'un venir vers nous.

« Je ne me trompe point... C'est un vieillard... et qui se tient bien droit encore, par ma foi.

« Sa démarche ferme, ses pas courts mais assurés, dénotent la simplicité forte de sa droiture et de sa perspicacité. Ses lunettes, crânement relevées sur son large front, ont l'air de prouver qu'elles sont mieux placées au-dessus que devant ses yeux.

« Il me semble reconnaitre cette mâle figure aux traits si fortement caractérisés... et ce vieillard lui-même parait... mais... non... ce n'est pas à moi qu'il sourit... c'est à toi...

« Tu le connais donc, Henry ? »

— « Je le reconnais... certainement... mais je n'en puis croire mes yeux !...

« Vous, ici, Monsieur S. ?...

— « Moi-même, M. Nadaud...

« Je viens vous féliciter d'une chose... mais, auparavant, laissez-moi, en vous serrant la main, présenter mes très cordiales salutations à l'honorable Monsieur T., courtier de vins breveté en l'an 1800, je crois. »

— « C'est vrai, Monsieur.

« Et maintenant que j'ai eu l'honneur de vous entendre nommer par Henry (*M. Nadaud*), je puis presque dire que je vous connais moi aussi...

« Nous n'avons traité aucune affaire ensemble, si mes souvenirs sont exacts ; mais la maison *Seguinaud & Picard* tenait un rang assez élevé parmi celles de nos industrieux faubourgs des Chartrons et de Bacalan, pour que ces deux Messieurs soient connus de tous ceux qui s'occupent du commerce et, surtout, de celui des vins.

« Sur ce, et, en échange de vos très gracieuses salutations, veuillez recevoir les miennes, Monsieur S., puis, après, vous adresserez à Henry (qui fut jadis un de mes petits commis), les félicitations dont vous venez de parler.

« Je vois, à sa figure étonnée, qu'il ne sait pas plus que moi ce dont il s'agit... n'est-ce pas Henry ?

— Oh ! non, vraiment... mais ce n'est pas cela qui me préoccupe, m'étonne et me confond...

« C'est de me trouver à pareille heure, dans ma cuisine, avec mes deux premiers principaux patrons.

« A qui doivent s'adresser mes remerciements, de quel côté doit s'envoler ma reconnaissance pour cette nocturne et double visite ?...

« De grâce, répondez-moi, je vous en prie, mes bons anciens maitres...

— « Tu sais, Henry, que ce sont les confidences que tu as

faites *au Public*, il y a un instant, qui m'ont fait m'arrêter dans cette éternelle immensité, où viennent s'engouffrer toutes les fausses gloires et tous les vrais mérites de la terre.

« Je suis venu pour te donner le courage d'attendre la fin de la rude épreuve, sans jeter le manche après la cognée.

« Quand on a cinquante ans, qu'on a vécu s'occupant presque autant la nuit que le jour, on ne peut plus vivre un aussi long espace de temps qu'on l'a fait.

« Et, *sac-à-papier,* je serais désolé de te voir finir ta carrière dans le désespoir et le dégoût, m'entends-tu Henry? »

— « Eh! *mille diux!*... c'est moi qui réponds pour lui.

« Que signifie ce langage?...

« Pourquoi M. Nadaud mourrait-il dans le dégoût et le désespoir?...

« Moi qui venais, précisément, pour lui dire d'espérer et de travailler de plus en plus à la littérature, dont je me suis trouvé dans le temps lui payer des professeurs. »

— « Vous lui avez payé des professeurs de littérature, dites-vous Monsieur S.? »

— « Oui... »

« Cela vous paraît étonnant, n'est-ce pas, Monsieur T.?... Eh bien! c'est pourtant très vrai.

« Voici comment cela s'est fait :

« J'avais un jeune fils!... Mon pauvre Arthur!... vous le rappelez-vous, M. Nadaud? »

— « Très bien, Monsieur S. »

— « Il allait à la pension Malvezin, dans la rue des Religieuses baptisée aujourd'hui, je ne sais pourquoi, du nom de rue Thiac. »

— C'est le nom de l'architecte du bel édifice des *Sourdes-Muettes;* édifice dont la magnifique façade principale est sur la rue Saint-Sernin, mais dont un des côtés longe une partie de la rue dont vous venez de parler, Monsieur S. Ce même architecte, de votre temps, je crois, construisit l'*Hôtel des Postes.*

— « Merci du renseignement, M. Nadaud.

« Il me prouve, une fois de plus, qu'on ne doit pas juger un homme d'après ses premiers travaux ; car, franchement, je crois que le dernier édifice de l'architecte Thiac est beaucoup mieux réussi que son Hôtel des Postes ; hôtel dont la construction devait représenter un *porte-feuille*... disait-il.

« Mais, revenons à nos moutons... c'est-à-dire à la littérature.

« Je vous dirai, M. T., que mon pauvre Arthur recevait des leçons spéciales, devant lui faire connaître à fond les règles de la poésie, de la versification, etc., etc., etc.

« Ça n'en finissait plus de notes, de cahiers, de manuscrits, d'extraits d'auteurs, de termes ou de mots auxquels je ne comprenais rien ; que mon pauvre Arthur avait beaucoup de peine à retenir et que M. Nadaud, ici présent, dévorait à ses heures de loisirs.

» Il copiait tout ce que faisait mon fils, corrigeait ses fautes d'après les corrections faites à l'institution Malvezin, etc., etc. ; bref, je dois le déclarer, il profitait beaucoup plus qu'Arthur des leçons que je payais pour celui-ci.

« Je le fis remarquer, un jour, à mon fils qui, loin d'en être jaloux, se prit à sourire en me disant : — « Tu vois bien, papa, « que ton argent n'est pas perdu... De quoi te plains-tu donc? »

« Hélas!... le pauvre garçon!... que n'ai-je eu plus longtemps à lui payer des professeurs de tous genres!...

« La Mort, cette sinistre faucheuse, qui trouve toutes les saisons propices pour faire sa lugubre moisson ; la Mort me l'a enlevé à la fleur de l'âge!...

« Sans ménagement pour ce dernier bouton de mon bouquet paternel, elle l'a coupé sur sa tige avant son épanouissement complet!...

« Pauvre et bien-aimé Arthur!... Je sais bien que, maintenant, nous sommes réunis et que nos âmes, d'une égalité divine, marchent côte à côte dans l'immensité en veillant sur ceux que nous avons laissés derrière nous!... Mais je sais aussi qu'il m'eût été bien plus doux de le voir rester avec eux et de contempler, de là-haut, toute ma famille séparée de corps par de nouvelles unions; mais toujours unie par le cœur!...

« Pauvre Arthur!... »

Ici, la voix de M. S. sembla trembler.

Il porta ses mains à sa tête et abaissa vivement ses lunettes devant ses yeux.

Mais, si prompt que fût ce mouvement, il ne put dissimuler deux grosses larmes qui roulèrent silencieusement sur ses joues creuses.

Ces larmes laissèrent après elles un profond sillon...

Partageant la douleur du père désolé, un large soupir s'échappa de la poitrine de M. T., au moment même où j'en poussais un, moi aussi; puis, échos sympathiques d'une légitime et très respectable douleur, nous répétâmes tous deux :

« Pauvre Arthur!... »

Une double et silencieuse poignée de main fut le muet remerciement de ce témoignage d'affectueuse attention.

— « Pauvre Gustave!... » fit tout-à-coup M. T., rompant ainsi le silence.

A cette exclamation inattendue, M. S. revint à lui.

Replaçant ses lunettes sur son front, dont le rembrunissement se dissipa presque instantanément, il fixa M. T., et lui dit, de sa voix la plus amicale, bien que toujours brève :

— « Excusez ma douleur, Monsieur.

« J'ignorai qu'elle provoquerait la vôtre.

« Le nom que vous venez de prononcer était, probablement, celui d'un de vos fils? »

— « C'est celui de mon fils unique, mon cher Monsieur.

« Et, Dieu merci, il existe encore.

« Mais, quand je songe aux écueils qui attendent la jeunesse, sur cette pauvre terre, je frémis... et je me demande si mon Gustave ne serait pas mieux... et plus heureux avec moi. »

— « *Mille diux!*... Que dites-vous, Monsieur?

« Des écueils!... des écueils!... mais on peut les éviter ces écueils... Ils ne font pas naufrager tout le monde... que diable!...

« On peut toujours se redresser quand on fait des faux pas, ici-bas... toutes les chûtes ne sont pas toujours mortelles...

» Que dis-je ? Je vais plus loin :

« Il est utile de broncher, de temps en temps, et de se sentir aux prises avec les soucis et les peines.

« Où donc serait, sans cela, le mérite d'avoir vécu ; si la vie écoulée s'était passée monotone, inaccidentée et régulière comme la ficelle qui glisse du bout de bois sur lequel elle était enroulée ?

« *A vaincre sans péril on triomphe sans gloire.*

« Vous savez bien cela, Monsieur ? »

— « Certainement, Monsieur, mais... »

— « Mais !... mais !... Votre fils est ou doit être heureux.

« Ceux que vous aimiez, que vous aimez toujours, sont, bien certainement, par leur position sociale, à l'abri de bon nombre de tracasseries de la vie.

« Ils doivent être tous unis d'une étroite amitié.

« Votre fils, devant partager leurs travaux, doit se trouver dans la même situation qu'eux.

« Il n'y a donc pas lieu de vous plaindre. »

— « Je ne me plains point, *Jésus Maria!*... mais... »

— « Mais!... mais! .. n'en parlons plus, *mille diux*, et convenons tous deux qu'il eût été bien malheureux pour nous de voir nos fils aller à cette maladroite et regrettable boucherie qu'on appelle, en ce bas lieu, *la guerre de* 1870-71...

« Et j'étais venu complimenter M. Nadaud au sujet de sa pièce *Umbra*... qui dit tant de choses pour celui qui comprend la mort... comme nous la comprenons, nous... nous... qui avons doublé cette monstrueuse et naturelle étape.

« Je le complimente également de son *Bouquet de fleurs d'oranger* qu'il a trouvé moyen d'offrir à notre pauvre et toujours noble France.

« C'est très bien, cela, M. Nadaud.

« Vous savez maintenant pourquoi j'étais venu.

« Persévérez dans cette voie et vous atteindrez le but que vous vous êtes proposé :

« *Celui de réveiller, dans les cœurs pusillanimes mais bons, ainsi que dans ceux qui doutent d'eux,* L'AMOUR DU PAYS *et le courage de le proclamer hautement dans la mesure des forces de leur intelligence...*

....

« C'est égal, *mille diux!* vous pourrez vous vanter d'avoir crânement, c'est-à-dire, beaucoup vécu, tout le temps que vous aurez passé sur cette terre, M. Nadaud ! ..

« Car, si le sommeil est l'image de la mort, on ne vous a pas vu souvent ni longtemps la représenter.

« Je comprends difficilement votre organisation, bien que me ressouvenant du peu de sommeil que vous aviez étant jeune homme. »

— « Cette insomnie est mon héritage maternel, Monsieur.

« Ma mère dormait très peu et ses nuits sans sommeil la fatiguaient beaucoup.

« Elle n'avait pas ce que j'ai, moi, pour me distraire en changeant le cours de mes réflexions : *la Poésie!*

Elle n'avait pas, elle, femme, le goût ni le droit moral de faire ce que je fais : de se promener la nuit et en n'importe quel lieu.

« Et, eût-elle eu ce droit et ce goût, qu'elle aurait eu peur, d'abord ; puis ses jambes n'y auraient pu tenir, n'étant pas aussi bonnes que son estomac. »

— « Mais, à l'âge que tu as, aujourd'hui, Henry, et travaillant comme tu fais, cette manière de vivre doit bien te fatiguer?... »

— « Oui, j'en conviens... je le sens...

« Mais, moins que vous deux, Messieurs, je suis surpris de cela.

« Depuis deux ans j'ai eu tant de peines!... en songeant aux ignominies, aux calamités de tous genres dont une partie de mon pays a été inondée.

« Depuis deux ans je me suis tellement identifié à ceux qui ont vu ce qu'ils avaient détruit, ceux qu'ils aimaient déshonorés, flétris, souillés, mutilés.

Depuis deux ans je me suis dit si souvent :

Dans quelle position eût été notre beau département, si la soldatesque allemande fût venue s'y vautrer et s'y SOÛLER *de nos vins, après s'être enivrée de ses honteuses victoires?...*

« Je dis *honteuses* parce qu'elles affirmaient, *toutes*, qu'un mensonge, devant avoir pour nous les conséquences les plus désastreuses, avait été fait à la face de l'univers, *par une bouche royale*.

« Et cette bouche, dont plus d'un vulgaire et impudent arracheur de dents ne voudrait pas être possesseur, parce que ses mensonges, *à lui*, ne ruinent pas les peuples et ne font pas frémir de honte et d'effroi l'humanité stupéfaite; cette bouche *royale* est, à présent, bouche *impériale*... C'est bien toujours la même bouche, mais elle est plus grande...

» Le marcassin du passé ne pourrait-il pas se transformer en sanglier de l'avenir?...

....

Tenez, mes bons anciens patrons, quand je pense à ces choses-là... et voici deux ans que j'y pense!... je n'y tiens plus... J'oublie les petitesses dont m'abreuvent des antipathies aussi lâches qu'injustes et je pleure sur ce qui s'est passé. Je voudrais être assez puissant pour déverser dans le cœur des autres une partie de l'indignation qui remplit le mien, et je tiens pour certain que si nos ennemis flairaient de loin l'explosion de notre colère, ils frémiraient en attendant l'heure fatale de l'expiation de leurs lâches forfaits!...

» Je me représente voir Bordeaux comme ont été Strasbourg, Chateaudun... etc.!...

« Je m'apitoie sur ces villes que je ne connais pas et dans la première desquelles, pourtant, je veux faire promener mes lecteurs si, trouvant quelque intérêt à me lire, ils me facilitent l'impression d'un grand poème ayant pour titre :

FIDRIC *ou* LES MARTYRS DE LA GUERRE.

— « Nous savons, nous savons. »
dirent simultanément les deux ombres, toujours près de moi.

« Nous connaissons ce travail.

« Il est fabuleux d'étendue... mais il faut le revoir avant de le montrer aux autres.

« Nous savons que c'est un épisode navrant de l'invasion allemande dans l'Alsace.

« Nous ignorons le sort de Fidric, mais nous avons pressenti la fin de Maria et d'Auguste...

« Pauvre mère!... pauvre *Bébé!*... Après un si joli rêve!!!

« Quand nous avons vu arriver les Prussiens ivres, nous n'avons pu en voir davantage...

« Pauvres ombres diaphanes que nous sommes!... En contact, maintenant, avec toutes les pensées viles ou généreuses qui traversent les espaces, nous nous identifions forcément en elles; elles se confondent en nous, et, suivant les aspirations émanant d'elles, nous restons charmées, résignées, indignées ou irritées jusqu'à ce qu'une impression nouvelle nous arrache à celle que nous subissons.

« Mais nous avons été heureux de n'être point forcés d'attendre qu'un affreux drame s'accomplisse...

« Qu'est devenu Fidric? »

— « Il est fou, Messieurs... »

Un silence glacial suivit ma réponse.

Il fut rompu par cette question que me fit M. S. :

— « Et *Brutus*, ce brave chien qui, une fois déjà, a sauvé la vie à *Bébé*; où est-il passé? »

— « Il a été affreusement blessé en défendant *Maria* et *Bébé*. Il a disparu... et... il est mort... peut-être. »

— « Ah! *Jésus Maria!*... mon pauvre garçon; quel travail depuis deux ans!... mais tu as donc un corps de fer? »

— « Non Monsieur T., non; mon corps n'est point de fer... C'est ma volonté, mon esprit, qui est d'acier et qui, jusqu'à ce qu'il se brise, marchera *toujours* droit à son but... quand ce but *en vaudra la peine*.

« Certes, je sens bien, parfois, que je suis fatigué... et je n'en ai guère davantage de sommeil pour cela.

« Seulement, je constate, depuis quinze ou dix-huit mois, que quand il m'arrive, par extraordinaire, de dormir, je le fais à poings fermés.

« Quand je sors de ce profond sommeil ayant duré *quatre* et quelquefois même *cinq* heures, je suis un tout autre homme. Je renais à une vie nouvelle. Il me semble que jamais je ne me suis senti l'esprit plus dispos.

« Alors, tout de suite, mais avec des teintes plus chaudes, une énergie plus virile et des forces retrempées, mon cœur se remémore les deux dernières années écoulées...

« Alors je me représente de nouveau les Teutons, flétrissant sous leurs baisers avinés, nos femmes, nos filles, nos mères, nos sœurs, nos amies... Je les vois appauvrissant, par leurs exigences, les familles les plus aisées... Bref, je vois, par l'imagination, ce qu'ils auraient pu faire dans Bordeaux... dont je suis si fier,

« Dans mon Bordeaux un instant capitale,
« Dans mon Bordeaux qui, splendide, s'étale
« Devant ses quais aux contours gracieux... »

« Ah ! pardon !... dans mon entraînement, je me laissais aller à réciter, à mon insu, les premiers vers d'une pièce qui n'a pas mal scandalisé un certain monde dans les Lettres... Une autre fois... plus tard... si j'ai l'immense plaisir de vous revoir, je vous lirai LE PERROQUET qui m'a valu de rudes remontrances, de sévères admonestations à cause de... parce que... *J'appelle chat un chat et...* inutile d'achever. Avant moi, Messieurs, vous connaissiez votre Boileau. »

— « C'est possible... mais, *mille diux,* vous êtes connu, vous aussi, dans Bordeaux... et beaucoup plus que Boileau, je suppose.

« Nul n'ignore que, quoi qu'on dise, vous êtes assez intelligent pour savoir que vous ne pouvez pas plus vous tromper en appelant *chat un chat*, qu'en appelant *âne un ignorant maladroit...*

....

« Nous allons vous quitter. Non pour nous reposer, mais pour agir.

« L'âme étant immortelle ne se voit jamais inactive.

« Elle suit l'Idée, cette noble vagabonde que Dieu plaça dans l'immensité en lui disant : « Sois partout, afin que l'humanité, « courant après ton ombre, se rapproche de moi ! »

« C'est pourquoi l'Idée est l'aiguillon du genre humain.

« Et je crois que votre âme le connaît cet aiguillon de l'Idée.

« Et je crois que vous vous aiguillonnez assez, vous-même, pour tout ce que vous faites ou que vous avez à faire !

« C'est ce qui me fit m'attacher à vous, dans le temps, M. Nadaud... Je savais, lorsque vous preniez le *Siècle* pour lire ***Mathilde ou les Mémoires d'une jeune femme***, par Frédéric Soulié ; je savais, dis-je, que le travail n'en souffrait pas, ou que vous étiez à jour, ou que vous preniez haleine... car il faut ne point connaître les chiffres ou être incapable d'en faire de bons durant trois ou quatre heures, pour ne pas comprendre qu'à en faire *constamment* cela devient très pénible, très démoralisant.

« Celui, ceux qui, comme moi, ont commencé leur carrière en prenant le travail à son début et suivant, degré par degré, ses diverses phases, peuvent connaître et apprécier les travailleurs : étant ou ayant été, eux-mêmes, des *praticiens*.

« Mais ceux qui par une certaine éducation se trouvent, sortant d'être apprentis, avoir le brevet de maîtres ; ceux-là ne peuvent pas juger les ouvriers dans tous les travaux qu'ils font.

« Ils n'ont que *la théorie* pour eux.

« Or, comme *la théorie* est loin d'indiquer, de prévoir, surtout, les infinis détails de *la pratique*, il s'en suit que, très souvent, lorsqu'on la met au pied du mur, elle n'est que de la blague... et je défie *qui que ce soit* de prouver par A + B que mon dire est faux, *mille dieux !*

« Sur ce, adieu M. Nadaud, ménagez votre santé... et à revoir... car je veux revenir, quelquefois, vous parler du temps passé. »

— « Adieu Henry... Adieu mon garçon... Je reviendrai te voir, moi aussi... avant longtemps.

« Une heure solennelle va bientôt sonner et laisser tomber un jour de plus dans l'inépuisable sablier de l'éternité.

« Toutes les âmes françaises dont les corps ont été ensevelis ici-bas ont besoin de se rencontrer dans l'espace pour saluer ensemble le jour qui va poindre...

« De ce jour, si proche, dépend la résurrection de la France...

« Nous, ombres invisibles qui veillons sans cesse sur cette terre chérie, nous allons nous réunir et, par la sublimité et la grandeur de notre foi, nous ferons se fixer éternellement sur elle un de ces purs et immenses rayons d'espérance et de gloire dont son soleil est saturé, dont les chaudes et vivifiantes effluves emplissent l'univers...

« Adieu... »

— « Une autre fois, adieu. »

— « Oh! Messieurs!... ô ombres vénérées de mes patrons toujours et de tous regrettés, ne me quittez pas en cet instant!

« Répétez-moi, tous les deux, ces derniers doux mots que l'un de vous, le plus ancien, vient de me dire.

« Comme une divine harmonie, ses accents bénis ont ravi mon cœur!...

« Comme un céleste orchestre vos voix, en me parlant de la France, m'enivreront et feront renaître en moi l'espoir le plus grand dans l'avenir le plus certain.

« Vous avez été, autrefois, les témoins de mon affection pour le travail; soyez, aujourd'hui, les juges de ce que, le jour pour mon service et la nuit pour ma Patrie, je... »

....

Le touchant mirage a disparu.

Un ange aux ailes d'or, caché dans un repli du manteau de la nuit, a soufflé sur la douce vision et l'a fait s'évanouir... en murmurant ce mot : *Imagination!!!*

Imagination capricieuse, que ne me berces-tu toujours de tes rêves!... quels qu'ils soient...

Hélas! comme je me retrouve encore plus seul, maintenant!

Ma femme dort toujours... tant mieux!... elle se repose, ne gronde pas de me savoir debout, et me laisse tout à moi...

La flamme de ma lampe baisse... Sa clarté diminue... Je vais me trouver dans la plus complète obscurité... j'étouffe ici... allons respirer... si, toutefois, on respire plus à l'aise dehors... car, franchement, il n'y a pas davantage d'air dans cette cuisine que dans la chambre à côté.

Et puis... c'est demain l'emprunt...

L'emprunt!... ô mon Dieu!... pourvu qu'il aboutisse à un bon résultat!

Allons sur la place d'Armes... nous nous assiérons sans façon entre les colonnnes du portique de l'hôpital Saint-André et, là, en fumant notre pipe, nous discuterons avec nous-même les chances que peut avoir cette colossale opération financière.

Les quatre *massives* statues des jurisconsultes et légistes qui achèvent d'écraser notre Palais de Justice, dont l'intérieur est si beau, ne pourront que me donner des conseils et des inspirations *d'un bien grand poids*.

Je tâcherai, malgré l'ombre épaisse de cette nuit orageuse, de lire leurs impressions sur leurs visages de pierre.

C'est entendu... Partons ..

Je suis parti...

Oh! grand Dieu!... Je ne vois mon chemin qu'à la lueur de quelques rares éclairs.

....

Voici bientôt minuit...

....

MINUIT

(Sur la Place d'Armes).

Quand le jour cède sa place
A la nuit qui se délace,
Le repos sur cette Place
Vient s'asseoir.
Faisons comme lui... car l'heure,
Dont le tintement m'effleure,
Avec moi soupire et pleure
Chaque soir.

Là-haut s'amoncelle l'ombre.
Chaque étoile en sa pénombre
Disparaît... Je n'en dénombre
Que très peu.
Nulle brise détournée,
Vers moi ne s'est retournée...
La nuit, comme la journée,
Est de feu.

Heureux sont ceux qui reposent!
Ceux qui, pour ce qu'ils proposent,
De tous leurs instants disposent
A leur gré!...
L'insomnie en son calibre
M'a formé... sans équilibre
J'atteins, la nuit, d'homme libre
Le degré.

Quand le cœur est solitaire,
Quand la bouche sait se taire,
Quand l'esprit à cette terre
Dit adieu ;
Le vœu furtif qui s'élance
Et qu'un doux espoir balance
Arrive, dans le silence,
Droit à Dieu.

Alors, unie au ciel, l'âme,
Sans craindre le moindre blâme,
Entonne un épithalame
Tout d'amour.
Ce chant de la créature
Des échos de la nature
Va devenir la pâture
Jusqu'au jour.

Puis, quand l'erreur fait sa trêve,
Comme un flot fuyant la grève,
Triste ou gai s'enfuit le rêve
De bonheur.
Et la pauvre âme, isolée,
Comme dans un mausolée
Rentre en elle, désolée,
Sans honneur...

....

Mais que dis-je?... Ici, je veille,
Et nulle ombre de merveille
Ne surexcite ou n'éveille
Mon émoi.
Rien de saint! rien de laïque!
Pas un regard judaïque!...
Tout n'est que très prosaïque
Près de moi...

Par l'esprit, car rien ne brille,
Je crois distinguer la grille
Où je rencontrais *Myrille*
Le matin.
N'étant plus sage ni probe,
Sa santé, qu'on lui dérobe,
S'étiole sous sa robe
De satin.

Devant tout luxe ravie,
Elle montrait que *l'Envie*
Serait l'écueil, pour sa vie,
Capital...
Son brillant sillon s'efface.
Elle aura, qu'on dise et fasse,
Pour terminer sa préface
L'Hôpital.

Car, bravant mal et fatigue,
Ayant franchi toute digue,
A tous elle se prodigue,
Nuit et jour.
A ce train l'on s'use vite.
Et, le premier qu'on invite,
Le premier qui vous évite,
C'est... l'amour!

L'amour, qui marche à l'encontre
Des devoirs, se heurte contre
L'Hospice, s'il ne rencontre
L'Hôtel-Dieu...
C'est là que mourut *Germaine*,
N'ayant de l'âme inhumaine
D'un amant, que chacun mène,
Nul adieu!...

Germaine, *Myrille*, et toutes
Celles qui suivent des routes
N'aboutissant qu'aux déroutes,
Je les plains!...
Hélas!... plus ou moins sensibles,
Leurs cœurs, attractives cibles,
Sont de rêves impossibles
Toujours pleins.

L'amour!... Hâtives coureuses,
Plus il donne aux langoureuses
Des ivresses savoureuses,
Plus il nuit!!
....
Nul, ici, ne me soupçonne...
Je n'ai vu passer personne...
Quelle est cette heure qui sonne?...
C'est minuit!...

....
....

Minuit a brisé la trame
Qui composait un grand drame.
Le jour d'hier, pour notre âme,
Est défunt.
Aujourd'hui : c'est l'espérance,
C'est l'avenir de la France,
C'est le jour de délivrance,
C'est l'emprunt!

Nuit du 27 au 28 juillet 1872.

III

LES FILLETTES ÉMANCIPÉES

. . . .

Oh! bien certainement, je préfère me diriger à petits pas vers mon observatoire de la Place d'Armes, que rester ici, tourmenté sur mon lit, comme saint Laurent, de carbonisante mémoire, sur son gril.

Sortons...

Je ferai miroiter plus à mon aise, devant mon esprit, cet emprunt si fabuleusement couvert.

Son succès vertigineux peut en faire dormir quelques-uns sur leurs deux oreilles; un petit bonhomme, surtout, sur le compte duquel, le diable m'emporte, je commence furieusement à *vouloir* revenir!...

Mais le même succès en question doit être un f...ichu cauchemar pour beaucoup d'autres!!...

Eh!... Je crois que je n'ai pas été bien éloigné de la vérité en traduisant ce que je publierai plus tard, quand une brise sournoise de la Prusse viendra, encore, essayer de ternir mon cœur après avoir froissé mon visage!...

Que ceux de là-bas, que ces têtes surmontées d'un paratonnerre, ne dorment pas en pressentant la tempête qui pulvérisera leurs fameux cimiers, c'est le moindre de mes soucis!...

Je me berce dans le doux espoir qu'ils reverront et suivront, grain par grain, le chapelet de douleurs qu'ils eussent bien voulu que nous égrainassions tout seuls... mais que, par une politesse réciproque, nous leur repasserons tout entier, s'il plaît à Dieu!

Donner wetter!... quel beau jour... celui-là!... En attendant qu'il arrive ce jour béni, profitons de cette belle nuit pour nous délasser et nous débarrasser des sempiternels chiffres qui nous harcèlent, produisant à notre esprit l'effet que produirait à notre corps une invisible armée de moustiques.

....

Bon... me voici rendu... je vais m'asseoir sur ce banc et chercher, puisque je ne vois rien bouger, si je ne découvrirai pas quelques figures symboliques et énigmatiques dans les arabesques formées par les nuages échappés de ma pipe.

Sachant que ces figures ne sont compréhensibles que pour l'intelligence dégagée des préoccupations terrestres, je veux oublier tout ce qui...

Mais... je ne rêve pas!... ce n'est point une hallucination, non plus!... C'est bien une petite fille qui se dirige vers moi!... Ah! mon Dieu!... cette enfant semble ne pas effleurer la terre!... Tiens! c'est ma petite Joséphine!...

— « Que viens-tu faire ici, Finette?... et à pareille heure?

« Comment se fait-il que le vêtement qui te recouvre et qui me paraît être de la plus transparente gaze, ne laisse même pas apercevoir la forme de ton corps?...

« Comment se fait-il que, moi, debout, et plus grand que toi, je voie ta jeune figure à la hauteur de la mienne?

« Comment se fait-il que, distinguant tes traits et croyant sentir tes baisers, je trouve le vide sous les miens?... »

— « Ah! papa!... c'est que c'est moi... et ce n'est pas moi... »

— « Que dis-tu?...

« Quel mystère infernal ou céleste est caché dans tes paroles obscures et sous ton visage diaphane?... »

. . . .

Je dois déclarer que, pour la troisième fois de ma vie, j'allais avoir peur, lorsque la vraie douce voix de ma petite Finette fit rentrer le calme dans mon cœur. »

— « Oui, papa... mon bon papa... Ce n'est pas moi... et c'est moi !...

« Ma mère est à la maison, dormant comme une marmotte. à côté de mon corps... qui dort comme elle...

« Moi je rêvais à toi...

« Tu venais de commencer un de ces beaux contes merveilleux, pleins de surprises, que tu sais si bien me conter... quand je suis sage... »

— « Et que tu redis à tes petites camarades, tandis que je ne me souviens pas d'un traître mot d'eux ?... »

— « Oui, papa... Ce n'est pas étonnant, *pardine*, puisque tu les fais à mesure que tu me les racontes... Mais laisse-moi te dire :

« Voilà que tout-à-coup, dans mon rêve, tu t'es arrêté de conter et tu m'as dit que tu me finirais le conte une autre fois, sur la Place d'Armes.

« Je ne t'ai plus revu.

« Mais mon âme, ma pensée, s'est détachée de mon corps et... me voici... prête à t'écouter... mais ne me ressouvenant plus de rien de ce que tu me disais...

« C'était bien joli... pourtant !... »

Un petit soupir, celui d'une fleur arrachée violemment de sa tige, s'échappa de l'invisible poitrine de l'aérienne fillette...

Ce soupir s'imprima sur mon cœur.

. . . .

— « Tu vas me conter un conte, n'est-ce pas mon père. »

— « Je ne dis pas non, ma petite âme chérie, mais permets-moi de te déclarer, auparavant, que tu as eu tort de quitter ton enveloppe charnelle, pour courir la pretantaine au milieu de la nuit... puis, il y a autre chose.

« Sais-tu que ta fantastique et inattendue présence me fait

croire au *Sabbat?*... et que de cette croyance à celle aux sorciers et sorcières il n'y a qu'un pas?...

« Oh! je t'en prie, ma petite Finette, ne recommence plus ces courses nocturnes...

« Elles me font peur... pour toi...

« Qui sait le mal que tu peux voir faire la nuit!

« Tu as bien le temps de l'apprendre, va, mon petit ange!...

« La naïveté primitive du cœur est la sensitive de l'âme : le moindre souffle vacillant l'altère, le plus léger attouchement la flétrit...

« Ne cours plus ainsi au-devant de l'inconnu, entends-tu, *Bébé?*

« Le désenchantement arrivera toujours assez tôt pour toi...

« Ne hâte pas, par ton désir de savoir, la venue des jours de déceptions...

« A tout âge on en a...

« N'as-tu point senti, déjà, ton petit cœur se grossir à la pensée d'un plaisir perdu... et, perdu, sans que tu puisses te dire : c'est ma faute?...

« Les satisfactions que la candeur trouve dans son ignorance peuvent être considérées comme un gracieux et épais rideau de volubilis en fleurs :

« La nuit les fait éclore, l'ombre les embellit, le jour leur permet de se faire admirer; mais vienne la grande lumière, le soleil, elles s'étiolent, languissent et disparaissent à tout jamais...

« J'arrête là mes observations... Tu resteras auprès de ta mère désormais, et tu ne reviendras plus faire ce que tu fais cette nuit, n'est-ce pas? »

— « Oui, papa... Je te le promets.

« Et pourtant... tu as tort, oui, de me défendre cela... et je ne sais si mon âme n'enfreindra pas, malgré moi, et tes ordres et ma promesse...

« Car... il y a bien d'autres petites âmes plus jeunes que moi qui se promènent dans l'espace à l'heure où leurs parents les pensent endormies... et elles n'ont pas peur ces jeunes âmes..

« Et puis, Dieu veille sur nous toutes, va.

« Au fond du ciel le plus sombre il a toujours à son service, et pour le nôtre, ses myriades d'étoiles qui nous regardent.

« Or, tu le sais, papa, la nuit, les étoiles sont les yeux du ciel. »

— Pas mal, pas mal, ma petite.

« Ta poétique comparaison est tout-à-fait réussie... et l'image que tu viens de faire me rappelle Argus qui avait cent yeux, lesquels s'ouvraient et se fermaient alternativement.

« D'où il s'en suit qu'en me faisant comprendre que le ciel est, la nuit, l'*Argus* du bon Dieu, tu me fais penser que le jour il est son Polyphème, c'est-à-dire son *Cyclope*, puisqu'il lui suffit d'un grand œil doré : *Le Soleil*, pour nous montrer tous à lui. »

— « Alors, papa, le ciel t'apparaît comme un nouveau Janus, ayant un œil de feu à un visage et cent yeux d'éclairs à l'autre. »

— « Ta, ta, ta, ta... assez causé!... Tu m'en dis là bien plus que tu n'en sais... En conséquence, j'ai raison de te défendre ces promenades sentimentales.

« Tu as appris du bon, tu as rencontré de braves âmes qui t'ont enseigné le bien; mais... »

— « Nous savons parfaitement, toutes, qu'il n'y a ni sorciers, ni sorcières, ni revenants...

« Tant qu'au *sabbat* dont tu as parlé, papa, nous en ignorons et en nions formellement l'existence. Nous ne le comprenons qu'en songeant au *tapage* à cause duquel nous sommes grondées assez souvent. »

— « Diable! comme tu raisonnes juste.

« Mais, réellement, petite âme mutine, tu es complètement émancipée cette nuit.

« Et tu voudrais me faire accroire qu'il en est d'autres dans ton même état d'escapade?... »

— « Oui, papa... Bien sûr.

« Eh! tiens... j'en ai rencontré *une* qui m'a soufflé, en passant près de moi, qu'elle était ta petite *Pervenche* et qu'elle venait d'Angoulême!...

« Je pense qu'elle court plus que moi, celle-là! qu'en dis-tu, papa?... et, pourtant, je la crois bien sage... »

— « Moi aussi, parbleu.

« Mais si ses bons et honnêtes parents, que je connais beaucoup, savaient les choses mystérieuses que tu m'apprends et étaient témoins de ce que je vois, ils en seraient émus comme moi et redouteraient les suites d'une si précoce émancipation.

« Si tu la rencontres de nouveau, cette petite fillette, tu l'engageras à cesser ces promenades de nuit et tu lui remettras les quatre petits quatrains que voici :

LE BOUQUET

A LA FAMILLE *DALY*, D'ANGOULÊME

Je t'aperçois, timide violette,
C'est ton parfum qui m'a guidé vers toi.
Où sont tes sœurs?... Pourquoi toute seulette?
La solitude a toute ombre pour loi.

Je sais fort bien qu'un sylphe t'accompagne :
La douce brise a fait frémir ta fleur!
Mais il te faut au moins une compagne,
Dût-elle avoir, sans parfum, ta couleur.

Cette compagne, ici, c'est la pervenche.
D'elle et de toi je puis faire un bouquet.
Il sera simple et pur; mais, en revanche,
Au souvenir il paraîtra coquet.

L'esprit partout découvre une chimère.
La Pervenche est *Jeanne*, en son halali;
La Violette est *Élisa*, sa mère;
Et, *Le Bouquet*, le père-époux : DALY.

A Champ-Fleuri, près Angoulême... Avril 1874.

« Cette petite pièce, qui a dû être apportée dans le département de la *Charente* par un journal imprimé dans celui des *Alpes-Maritimes*, fera voir à *ma petite Pervenche* que je songe toujours à elle et à ses parents.

« Si elle te parle de son grand frère (*Amédée*, je crois), le médecin militaire qui est allé en Afrique ; tu l'entretiendras de ton cousin *Hippolyte* qui est revenu de la Prusse.

« Tu lui diras que ce brave sapeur du 1er de ligne, sans avoir été traîné, comme son antique homonyme d'émouvante mémoire, par les chevaux que sa main avait nourris ; a été, lui aussi, traîné de trahisons en affronts depuis *Metz* jusque dans l'*Allemagne*.

« Tu lui diras que j'irai lui apporter, moi-même, LA PATRIE EN DEUIL ;

« Que je lui recommande, aussi bien qu'à toi, les leçons données à *Bébé* dans *Une association occulte ;*

« Et que je lui offre LES DEUX BÉBÉS. »

— « Qu'est-ce que c'est, papa, ces deux bébés ?...

« Pourquoi les offres-tu tous les deux à *ta Pervenche ?*... sans en garder un pour moi ?... »

Je me pris à sourire du quiproquo dans lequel tombait la petite Joséphine.

Mais je lui expliquai tout de suite, que LES DEUX BÉBÉS étaient les héros d'un conte que j'ai fait pour raviver le souvenir de l'exigeante mutinerie d'une petite fille qui, tout de bon, ne voulait pas voir sa mère et exigeait que tout le monde fît sa volonté... comme on la faisait lorsqu'elle était chez sa nourrice...

Ma Finette comprit parfaitement mes explications et me dit :

— « Alors, c'est une histoire ?... »

— « Le caractère mutin... *jadis*... de la petite fille et son nom, sont les seules choses *vraies*, » répondis-je ; « mais, pour le reste... c'est un conte... Je l'ai fait afin d'apprendre aux jeunes enfants qu'ils doivent aimer leurs parents, leur être très obéissants, ne pas trop jouer avec les animaux... avec les chats, surtout... qui, *ne nous caressant pas, mais se cares-*

sant à nous, nous déchirent lorsque, peut-être, ils s'imaginent nous faire patte de velours.

» Je veux que les petits enfants sachent de bien bonne heure que *jeu de main tourne au vilain*, et que nos plus grands et sincères amis ne sont pas ceux qui tournent souvent autour de nous pour nous flatter par leur langage et leur empressement à *avoir l'air* de sourire à nos caprices et de s'y prêter.

« M'entends-tu bien ?... me comprends-tu, surtout, petite?... »

— « Oui, papa... et je me souviendrai de cela. »

— « C'est très bien... Promets toujours... mais, tiens de même.

« Voici le conte en question.

« Je le fais se passer où réellement la petite fille est née; à *Barbaste*, petite ville du département de *Lot-et-Garonne*.

« Écoute :

LES DEUX BÉBÉS

HISTOIRE-CONTE

(Où se rencontreront de bien *touchantes* émotions).

Il était une fois... (C'est, je crois, à Barbaste).
Une petite enfant, grosse comme le poing,
Que sa nourrice aimait comme l'on n'aime point
Quand de l'enfant d'un autre on a le froid contraste.
La nourrice, en un mot, d'un air tout triomphant,
Prônait son nourrisson comme son propre enfant.
En ne la nommant pas de son nom : *Albertine*,
Elle ne désignait la petite mutine
Que sous le nom charmant et simple de : BÉBÉ.
Sa, et pas *son Bébé*, lui semblait sans rivale.

Ceux qu'on aime ne sont jamais ceux qu'on ravale.

De BÉBÉ-ALBERTINE on la sentait l'Hébé.

Sans connaître l'histoire, en ignorant la fable.
On voyait la nourrice, aussi bonne qu'affable,
Offrir toujours son sein à l'enfant altéré...
Le père nourricier, comme un homme atteré,
Pour apaiser BÉBÉ ne sachant plus que faire,
Baissait souvent la voix... même en ayant raison!...

Toujours être en nourrice est la plus sotte affaire.

Après un temps, BÉBÉ rentra dans sa maison.
Ce n'était plus nourrice!...
Ah!... c'était autre chose!...
BÉBÉ ne voyait plus du tout la vie en rose...
Elle avait *sa* MAMAN... *sa* MAMAN tout de bon...
Qui, s'occupant *de pain, de farine et charbon*,
Voulait voir *Albertine* empressée et docile.

Réformer un enfant n'est pas tâche facile.

La Mère en vint à bout... et BÉBÉ, grandissant,
Grâce à *l'instruction* devint resplendissant...

Mais, dites, savez-vous qui, quoi, comment, ou qu'est-ce,
La rendit, sans trompette et sans tambour ni caisse,
Docile à sa maman, à son petit papa?...
Ce fut *un jeune chat*... qu'un voisin attrapa!...

On prétend que l'enfant prit le chat pour un être
Comprenant bien le nom qu'elle savait connaître.
Et qu'elle l'appela : *Bébé!... Bébé-Minet!*

Ce qu'on sait de certain, c'est qu'on examinait
L'allure que tous deux prenaient quand, par mégarde,

On appelait : « *Bébé !...* ». Dégringolant leur garde
Enfant et chat venaient répondre à cet appel.

On sentait entre eux deux un lien fraternel.

Ils faisaient tous les deux fort bien la cabriole.
Chacun à sa manière, aimait la gaudriole :
Bébé-Minet, parfois, criait comme trois chats ;
BÉBÉ-*l'enfant* faisait, par ses vifs entrechats,
Crier *Papa*, *Maman*...
Mais, ça passait bien vite...
Et tout, *tout*, s'oubliait en voyant la petite
Raconter ses chagrins à *Bébé... le matou.*
Lui, semblait l'écouter... puis, partant comme un fou,
Il allait et venait autour de la fillette...
Qui, faisant comme lui, se mettait, gentillette,
A faire à qui saurait courir et sauter plus.

De douleurs, aucun d'eux n'était jamais perclus.

Un jour, pour un gâteau, tous deux se disputèrent :
Sur le plancher poudreux tous deux se culbutèrent.
Bébé-chat, par l'enfant, fut deux fois trépigné...
Mais BÉBÉ-*l'enfant* fut trois fois égratigné !...
Le sang coula !... les poils volèrent dans la chambre !...
Les lutteurs en courroux s'attaquaient chaque membre...
Entre eux, c'était à qui serait le plus malin.
Le chat jurait : « *Fou...! Fou...!* » L'enfant criait : « *Vilain!...* »
Et, tous deux, gaspillaient l'objet de leur querelle...

Tout-à-coup, une voix .. (mais point de tourterelle),
Se fit entendre... et fit entrer dans la maison
Le calme, le silence et... presque... la raison.

C'était *Mère Rangeard*, la petite bourgeoise,
Qui, pour juger le cas, s'était faite sournoise... !

Le tronçon d'un balai cogna *Bébé-Minet*,

BÉBÉ-*l'enfant* crut voir l'ombre d'un martinet
Brandir entre les mains de sa *petite mère*...

On versa, ce jour-là, plus d'une larme amère!!!

Mais, depuis, pour manger, on se met de moitié
Et *les deux* BÉBÉS sont un type d'amitié.

Juin 1872.

J'avais cessé de parler... mais la petite ombre écoutait encore.

Je rompis le silence.

— « Ce petit récit fantaisiste te va-t-il, ma Finette? »

— « Oui, papa. »

— « Alors, il faut que tu en retires un profit et que tu prennes l'irrévocable résolution de ne plus faire fâcher ta mère... ni qui que ce soit; d'être docile aux sages avis qu'on peut te donner et de ne pas considérer tout-à-fait ton *minou* comme un être raisonnable...

« Attendu qu'à de certains moments de caprices, ou lorsque la température, lourde, est chargée d'électricité, le chat le plus aimable, en apparence, peut parfaitement devenir un vrai Judas; donnant de vigoureuses égratignures en échange des caresses qu'il reçoit.

« Maintenant, quittons-nous.

« Retourne vite auprès de ta mère, car, malgré tout ce que tu m'as dit, j'ai peur... »

— « Ah!... papa!... J'oubliais de te dire que j'ai rencontré une autre jeune âme... qui a causé un moment avec moi.

« Je ne la connaissais pas du tout... et je crois, même, que je ne la reconnaîtrais pas encore...

« Mais, elle, elle m'a reconnue et appelée par mon nom. Elle avait, avec elle, une toute jeune âme... et toutes deux, avant que j'aie pu les questionner, ont murmuré ce nom : LAURE...

« Je ne sais pas pourquoi, papa, mais en voyant ces deux âmes si blanches, si blanches, couronnées d'immortelles et de cyprès, je me suis sentie toute troublée... et les yeux de mon corps ont dû mouiller de pleurs le traversin sur lequel repose ma tête...

« Comme dans un souffle nous nous disons, nous autres, âmes, ce qu'une éternelle conversation n'achèverait pas sur la terre, nous nous sommes dit bien des choses... à la fin desquelles nous nous sommes promis de nous réunir un jour... pour ne plus nous séparer...

« Et j'ai oublié de leur demander au juste qui elles étaient et d'où elles venaient...

« Le sais-tu, papa?... »

L'heure, le lieu et l'inattendu de la révélation qui m'était faite, avaient mis de l'agitation dans mon âme.

Le souvenir, cette idéale fantasmagorie du passé, venait de frapper mon esprit avec son invisible marteau, et des larmes... peu pressées... mais brûlantes, glissèrent silencieusement le long de mes joues...

Deux purs et frais baisers séchèrent lentement ces furtives larmes...

— « Je t'ai fait de la peine... pardonne-moi, papa... je n'y reviendrai plus... »

— « Non, ma petite... Tu ne m'as point fâché!...

« J'ai de la peine... mais ce n'est point toi qui en es cause.

« Hélas!... les deux âmes rencontrées par toi venaient de bien loin, ma fille!... elles venaient du ciel même... d'auprès de Dieu...

« Ce sont deux fleurs humaines qui ont été brusquement déracinées et jetées à la voirie de l'éternité, par un jardinier sourd, aveugle et muet, qu'on appelle le *Destin!*...

« Ce sont deux pauvres petites hirondelles arrachées sans pitié à leurs nids, et auxquelles la sœur du *Destin*, la *Fatalité*, a coupé les deux ailes et cassé la tête... du même coup!...

« La plus jeune m'a été inconnue, mais je crois être au mieux avec son père... son noble père... dont le cœur a éprouvé, jadis, et éprouve, encore, des souffrances analogues à celles que je ressentais, autrefois, en voyant, de près, l'épouvantable maladie qu'on nomme le *croup*, et en songeant, maintenant, aux malheurs de *La Patrie en deuil* .

« Tant qu'à l'autre... à la plus grande de ces deux jeunes âmes... elle était... à moi... comme toi... et se nommait *Marguerite*... de son nom de fête... comme ma pauvre mère... sa marraine...

Une terrible, dernière, brusque et éternelle séparation existe entre nous, désormais... mais je songe souvent, bien souvent, à elle... et... pour ces deux *Laures* que tu as rencontrées, j'ai commencé *Les Fleurs brisées*, sur lesquelles je déverserai abondamment cette céleste rosée de l'imagination, rosée dont Dieu a rempli l'impalpable vase de la pensée...

« En attendant que *Les Fleurs brisées* soient immatériellement écloses à nouveau, je vais, puisque j'ai comparé les âmes de ces jeunes filles à des hirondelles malheureuses, te donner une romance que je fis, il y a deux ans, pour la petite demoiselle d'un de mes amis d'enfance.

« Cet ami a fait fortune dans les colonies, paraît-il.

« Il est venu se reposer à Bordeaux, notre ville natale, et occupe une partie d'appartement en face de notre splendide Grand-Théâtre.

Sa jeune fille, d'une quinzaine d'années, se nomme... elle aussi : *Marguerite*.

« Or, un jour que j'entrais chez elle, elle me montra une petite hirondelle qui était tombée, de l'entablement de la maison du *Grand-Théâtre* sur le trottoir.

« Dans sa chûte la pauvre hirondelle s'était cassé une aile... mais la jeune *Marguerite* G..... se berçait du doux espoir de sauver le petit oiseau...

« Hélas!... l'hirondelle ne survécut que peu de jours!... Sa chûte était mortelle!...

Ne l'eût-elle pas été que *Marguerite* aurait toujours eu la douleur de voir mourir sa petite compagne : les hirondelles, ces voyageuses filles de l'air, ne vivent pas emprisonnées dans une cage.

« C'est pour conserver à la fille de mon ami le souvenir de son hirondelle, que je lui composai la romance dont tu vas t'emporter la copie.

« Je ne t'enseignerai pas l'air sur lequel vont ces couplets : je l'ignore ; mais je sais que nous pourrons l'apprendre quand nous voudrons, chez des amis que j'ai à l'*Ile Saint-Georges*... où j'étais dimanche dernier... »

— « Sans moi !... » soupira la petite âme de ma Finette. »

— « Oui... sans toi !... je voulais voir, auparavant, les prix que tu m'apporterais... cette année...

« Tu as eu un premier prix de grammaire et un premier prix d'arithmétique !!... c'est bien, c'est très-bien.

« Ce sont des prix que j'aimais et que je gagnais de temps en temps... autrefois.

« Tu as bien fait de les gagner, ces prix...

« Tu dois *te promettre* de les gagner *toujours*... cela compensera, peut-être, ma négligente incapacité... car, aujourd'hui, hélas ! trois fois hélas !... je ne connais plus ni arithmétique ni grammaire... et tout le monde est obligé de m'en donner des leçons... et, souvent devant certains qui... que... dont... ce qui prouve, indubitablement, que je suis encore moins fort qu'eux... Et... *c'est raide*...

....

« *C'est donc ça qu'est malheureux !!!...* »

— « Ah !... Je suis contente, à présent... »

— « Eh ! pourquoi ?... petite. »

— « Parce que je vois que tu plaisantes...

« Et la romance ?... Fais-la moi voir, papa, je te prie... »

— Tu as raison, tiens... cela vaut beaucoup mieux.

« En ne comprenant pas ce que je veux dire, tu comprends assez ce que je dis... C'est bien. . Prends ta romance et pars. »

L'HIRONDELLE DE MARGUERITE

ROMANCE

(Air de : *Le Chef-d'œuvre de Dieu* (mélodie de Constantin, musique d'Abadie.)

(Dans sa bonté quand Dieu fit la nature)

Sur le trottoir, hirondelle tombée,
Pour t'arracher aux passants inhumains,
Bien plus que toi haletante, courbée
Je t'ai saisie et t'ai prise en mes mains.
L'indépendance, en toi, voit son modèle.
De t'avoir là, comprends-tu ma fierté?
Toi, mon esclave!... ô petite hirondelle!
Dis-moi, veux-tu toujours ta liberté? (*bis*)

Je voudrais bien, moi qui suis ta maîtresse,
Te voir heureuse en restant avec moi!
Va, ne crains pas qu'aucune main traîtresse
Pour te troubler ne s'étende vers toi!
Dans une cage à toi, ta citadelle,
Tu braveras tout le mal concerté.
Tu vivras bien... ô petite hirondelle!
Dis-moi, veux-tu toujours ta liberté? (*bis*)

Pour que, chez moi, contre toi rien n'irrite,
Dès à présent je te donne mon nom.
Et si l'on dit : — « *Ça, c'est pour Marguerite...* »
Personne, va, ne dira jamais *non*.

Mes petits soins, mon amitié fidèle,
Te parleront de ton nid déserté,
De tes parents... ô petite hirondelle !
Dis-moi, veux-tu toujours ta liberté ? (*bis*)

Tu ne dis rien, mais, plus vif ton œil brille
Et mon regard a suivi son éclair...
Ah !... je comprends !... là-haut est ta famille...
Pour la rejoindre il te faut fendre l'air...
Las !... Tu ne peux donner un seul coup d'aile !
Plus que le tien, mon cœur, déconcerté,
Pleure et gémit... Je te plains, hirondelle,
Car il n'est plus, pour toi, de liberté ? (*bis*)

Juin 1870.

(Hélas ! un mois après la composition de cette romance, l'ignoble équipée qui a eu Sarrebruck pour tête et la ruine, à moitié, de la France pour queue ; mettait notre pauvre pays dans la situation de l'Hirondelle de Marguerite.)

....

L'ombre de la petite *Finette* venait de prendre la romance *historique* qu'on vient de lire.

Je m'attendais à quelques nouvelles questions... peut-être embarrassantes... car, les enfants nous posent, parfois, de singuliers problèmes à résoudre !...

Mais il n'en fut rien... par bonheur.

Seulement, je crus entendre soupirer un remerciement et un adieu... Je crus voir la forme d'un candide front virginal s'incliner vers moi pour quêter l'effleurement de mes lèvres...

Mon baiser, comme les précédents, se perdit dans le vide..

Puis, ô surprise ! j'entendis distinctement ces mots s'élevant crescendo, à mesure que la vision s'évanouissait, au diapason le plus acerbe de la frayeur la plus atroce :

« OH ! QU'EST-CE QUE C'EST ?
« AH ! MON DIEU !... AH ! MON DIEU !...
« UN ARBRE QUI MARCHE !!! »

Et dans l'ombre troublée, les invisibles échos de l'espace semblèrent répéter, en rentrant graduellement dans leur mutisme aussi naturel que forcé :

« UN ARBRE QUI MARCHE !!!
« QUI MARCHE!!
« MARCHE!...
« ARCHE!...
« CHE!... »

....

....

Le silence le plus morne se fit.

Ce froid silence contrastait énergiquement avec la tiède atmosphère, dont la moiteur de mon front attestait la persistance.

La noire nuit semblait s'être enveloppée de plusieurs manteaux d'ombre superposés les uns sur les autres...

A un certain instant l'opacité de l'ombre parut, en s'épaississant, prendre la teinte grisâtre du brouillard le plus épais que chercheraient à traverser les rayons du soleil levant.

Je crus à une aurore boréale.

J'allais me retirer, attribuant à un effroi sans motif l'exclamation de l'ombre envolée, lorsque, tout-à-coup, ô prodige inouï et stupéfiant! je vis, réellement, ce qu'avait vu Joséphine...

La quatrième peur de ma vie allait me coûter cher.

Je me sentis mourir...

Mes yeux se fermèrent...

Je tombai à la renverse ..

....

Je fus retenu dans ma chûte par un corps dur mais flexible...

Mes deux mains crispées saisirent des espèces de doigts allongés qui parurent s'enrouler amicalement autour d'elles pour les soutenir.

Et, enfin, une voix amie, bien que semblant revenir d'un autre monde, prononça, par deux fois, mon nom de famille à mes oreilles.

....

Je rouvris les yeux... et je vis

IV

L'ARBRE QUI MARCHE

> Le mot *indépendance* est uni à des idées accessoires de dignité et de vertu. Le mot *dépendance* est uni à des idées d'infériorité et de corruption.
>
> BENTHAM.

> On a dit : *Le vrai peut, quelquefois, n'être pas vraisemblable*
> On dira : *L'invraisemblable peut, quelquefois, être vrai.*
>
> (MOI).

C'était *Dubos!...*

Dubos!... le premier métreur en titre de la ville de Bordeaux.

Celui auquel, *à mon insu et contre mon gré*, on me fit succéder, à partir du 1er janvier 1859.

Dubos!... mort âgé de 48 ans, le 30 octobre 1858, épuisé de fatigue par la tension d'esprit continuelle dans laquelle le maintenait, nuit et jour, les *très simples* mais *très considérables* opérations d'arithmétique qu'il lui fallait faire... qu'il faisait depuis douze ans.

(Ce fait était, autrefois, de notoriété administrative dans le service.)

Un homme mort depuis quatorze ans et apparaissant tout-à-coup sous la forme d'un arbre !

Aussi, tremblais-je plus que les feuilles garnissant ses nombreux rameaux.

Après tout ce qui m'était advenu, je ne devais pas avoir peur d'une ombre, me dira-t-on, cette ombre fût-elle travestie en arbre.

C'est très vrai.

J'accepte volontiers cette judicieuse observation.

Mais... j'eusse voulu en voir d'autres à ma place!...

Qui, au premier abord, eût pu reconnaître un homme, encore moins un ami, dans cette étrange apparition?...

Qu'on se figure un arbre, un vrai arbre, dont le tronc, divisé dans sa partie inférieure, était supporté par deux grosses racines à l'extrémité desquelles s'en allongeaient de plus petites, simulant grossièrement, mais naturellement, les pieds avec leurs doigts.

Presque en haut du tronc en question, lequel rappelait la partie supérieure et massive du corps humain, deux grosses branches proportionnelles et mouvantes dans tous les sens, pouvaient, devaient être considérées comme des bras, et ces bras étaient, ainsi que les deux grosses racines du bas, ornés non d'autres petites racines, mais de petites branches devant d'autant mieux être appelées des mains, que c'étaient elles qui m'avaient soutenu et que c'étaient elles que j'avais saisies dans ma chûte.

Par exemple (et il eût été matériellement impossible de la reconnaître avant d'en être très rapproché), c'était bien la vraie tête de Dubos qui surmontait cet arbre vivant.

Des rameaux touffus et garnis d'un épais feuillage dont la verdeur paraissait éternelle, ombrageaient ce front où l'honnêteté et l'intelligence inculte, mais cette dernière élargie par la volonté, se lisaient couramment.

L'arbre prit la parole :

— « Eh bien! mon pauvre vieux camarade, je vous ai fait grand peur, n'est-ce pas?... »

— « J'en conviens.

« On serait effrayé pour beaucoup moins que cela, je présume.

« Mais d'où diable venez-vous donc?... que faites-vous ici?... De quel côté de la place vous êtes-vous détaché?... Grâce à l'air phosphorescent qui vous environne, il m'est permis de tout regarder, de tout voir, et je n'aperçois aucun vide dans les rangées d'arbres plantés en ce lieu.

— « Et je vous engage à ne point chercher où je pouvais être avant de me trouver ici... Vous ne le découvririez point.

— « Tiens... et pourquoi?... » fis-je, surpris.

— « Parce que je viens d'un endroit dont vous connaissez juste le nom, mais où même votre esprit ne peut aller... en ce moment. »

— « Quel est donc ce lieu ? »

— « C'est la planète *Nazar*... »

— « La planète Nazar?...

« Je crois me rappeler confusément ce nom... seulement... ma mémoire me fait défaut... et il me serait plus facile de montrer *Le dernier clou de mes premiers souliers*, que de dire ce qu'est la planète Nazar et comment je la connais... de nom, du moins... »

— « C'est pourtant vous, mon ami, qui me l'avez fait connaître... »

— « Moi... ? »

— « Oui, vous.

« Ne vous souvient-il plus du *Magasin pittoresque?...*

« Avez-vous donné ou égaré les quelques volumes à vous appartenant? Celui de 1839, entre autres, à la page 60 duquel se trouve le voyage d'un certain... »

— « *Niel Klim*, » dis-je, interrompant l'arbre Dubos pour lui prouver que, bien que pris à l'improviste, j'avais encore assez de lucidité d'esprit pour me ressouvenir d'un ouvrage que j'ai sous la main, mais dans lequel je lis bien rarement, maintenant.

L'arbre Dubos, pénétrant ma pensée, se prit à sourire et continua ainsi :

— « C'est cela... Le bon et honnête *Niel Klim*, cet étudiant de Copenhague qui, après avoir remporté des victoires scholastiques à Bergen, tomba au beau milieu de la planète Nazar en se laissant glisser, au moyen d'une corde, dans une grotte profonde qu'on lui avait dit être habitée par les *Trollers*... »

— « Et lorsqu'il fut sur la planète Nazar, il lui arriva toutes sortes de choses bonnes et mauvaises.

« Il y fut même fait roi ou empereur, je crois... »

— « Mais son ambition l'ayant aveuglé, il fut obligé d'abandonner ses états révoltés contre lui.

« A Nazar, comme dans beaucoup d'autres endroits, voyez-vous, mon cher, les chefs de file des nations, cherchant à faire faire la cabriole à leurs voisins et à leurs sujets, sont très souvent exposés à la faire eux-mêmes... Ceci, soit dit en passant, peut vous prouver que rien n'est nouveau ni rare sous la calotte du ciel, et que dans tous les mondes une loi générale fait l'équilibre universel : la loi du mouvement.

« Vous devez vous souvenir que *Niel Klim*, fuyant de Nazar, eut la chance de retrouver le chemin qui l'y avait conduit.

« Il retourna à Bergen, devint, grâce à la protection d'un de ses amis, sacristain de la cathédrale et mourut n'ayant de comparable à son abdomen arrondi que la fortune tranquillement amassée à l'ombre de la foi de tous. Vous ignoriez cela.

« Vous ignoriez, également, qu'après sa mort, son âme, repentante des écarts qu'elle avait laissé faire à son corps, est revenue à Nazar, où, prenant la forme des habitants de cette planète, elle est, aujourd'hui, un des arbres les plus considérés et honorés de *Burdiga*, ville dans laquelle je me suis fixé et de laquelle je viens directement pour vous prier de me rendre un service. »

— « Je ferai pour vous tout ce que je pourrai, mon brave Dubos; mais, auparavant, je ne serais pas fâché, moi qui doutais de l'existence de *Nazar*, de savoir si cette planète est très éloignée de la *Terre*.

— « Elle la touche presque... elle forme la dernière station avant d'arriver à la *Lune* dont elle n'est séparée que par une distance de 27 à 28 kilomètres.

« Les habitants de la *Lune* et de Nazar sont en continuelles et toujours bonnes relations.

« Aussi, nous, *Nazardins*, savons parfaitement quels sont ceux qui voudraient attraper la lune avec les dents, ceux qui lui font des... paix, ne parlons pas de cela... Sachez seulement, et pour en finir, que nous connaissons sur le bout des doigts le nombre de trous et les noms de ceux qui les font à cette pauvre *Lune* qu'Alfred de Musset plaçait au-dessus de la terre comme un point sur un **i**... »

« Plus tard, je vous raconterai la rentrée de Niel Klim dans Nazar et les pérégrinations que le désœuvrement m'a fait faire avant de m'y fixer moi-même..

« La transition de la vie à la mort, si préparé qu'on y puisse paraître, est toujours brusque et laisse toujours la pensée, l'idée, l'*Ame* dans un chaos dont toutes les indécisions humaines ne sont qu'une bien faible image.

« Aujourd'hui, je ne veux et ne dois parler que du métreur des trottoirs de là-bas... qu'on appelle le *chineur* des *changeants*... ce dernier mot expliquant par lui-même les changements de système et les modifications nombreuses que les trottoirs ou *changeants* peuvent subir.

« Vous allez m'écouter religieusement, m'interrompant le moins possible, parce que, quand il s'agit d'une bonne œuvre à remplir, les âmes ne doivent jamais être détournées de la pensée dominante du moment... »

Ici se fit une pause.

Me conformant au désir exprimé par mon *ombrageux* narrateur, j'attendis qu'il lui plût de commencer sa confidence.

En cet instant d'attente, mes yeux inclinés vers la terre aperçurent un objet long et noir sur lequel semblaient scintiller de grosses et brillantes paillettes tordues et allongées.

Je m'abaissai pour voir ce que cela pouvait être.

C'était une flûte.

Je la ramassai.

— « Elle est à moi, » dit l'arbre.

« C'est en vous empêchant de tomber qu'elle a glissé de dessous mon bras.

« Elle est ma compagne, comme autrefois.

« Je m'en sers souvent. Non pour me distraire, les âmes intelligentes et actives trouvent sans cesse des distractions en elles mêmes ; mais pour *dissiper les ennuis* et *consoler la souffrance* des autres... »

Ayant dit, l'arbre Dubos prit la flûte de son rameau droit et la plaça sous son rameau gauche.

Ayant fait, sa figure devint alors plus sérieuse.

Le feuillage ombrageant sa tête cessa de s'agiter et sa voix, dont chaque ton semblait réveiller ceux du clavier de mon cœur, s'exprima ainsi :

— « Le *chineur* auquel je veux vous intéresser a plus de droits que vous ne pensez à cet intérêt que je sollicite pour lui.

« Il a commencé à remplir son service à la même époque que vous et, par malheur pour lui, il a été, *comme vous*, *imposé* à un arbre chef qui en voulait un autre que lui.

« Cet arbre, dont on constate en tout *Burdiga* l'inclinaison mystique, ne lui a *jamais*, entendez-vous, *jamais*, pardonné son entrée forcée dans le *Remuant* à la tête duquel lui, chef, était placé... et comme j'ai accepté à Burdiga le poste de *Regardeur-dégagé*, j'ai suivi et les travaux et les tribulations du malheureux *chineur*.

« Celles-ci sont inimaginables, ceux-là sont au-dessus des forces d'un homme.

« L'hercule ayant son maximum de charge sur les épaules fléchira sous l'adjonction du plus petit poids et sera écrasé si à ce petit poids on en ajoute un autre.. Si forte que soit une machine et si bien artistiquement surveillée qu'ait été sa confection, elle éclate si on veut constamment accroître sa pression...

« Tant vaillant et laborieux que soit un homme, arrive un moment où, voyant son travail méconnu, ses efforts à *bien* et *beaucoup* faire méprisés et sa probité constamment suspectée ; le dégoût s'empare de lui et lui fait prendre en *légitime* aversion ce travail qu'il aimait et qu'on lui rend insupportable.

« Ecoutez la preuve de ce que je viens d'avancer. »

— « Pardon, » dis-je à mon ami l'arbre Dubos, « Pardon... Je ne voudrais pas vous interrompre, mais, pourtant, vous avez des expressions si drôlatiques que je me vois forcé de vous en demander l'explication.

« Je sais ce que c'est qu'un *chineur;* mais j'ignore qu'est ce *Remuant* à la tête duquel est placé le chef, et je jetterais mille fois ma langue aux chiens avant de savoir dire ce que c'est qu'un *Regardeur-dégagé*... ce qui vous prouve que je ne comprends pas du tout le poste que vous occupez à Burdiga. »

— « Le *Remuant* est le *service* même en tête duquel se trouve placé l'*Évoluard*.

« Le *Regardeur-dégagé*... est un *Inspecteur non salarié* qui, par dévouement au bien de tous, fait son service... très souvent avec beaucoup plus de zèle et de dévouement que le *Regardeur-actif*... Comprenez-vous ce dernier!... »

— Parfaitement, et je sais aussi ce que signifie le mot *Évoluard.* »

— « Tant mieux... La seule connaissance de ce mot (qui prend son origine dans les *évolutions* qu'on peut faire faire à tout un *remuant*), vous en fera comprendre beaucoup d'autres dont le langage à emporte-pièce de la planète Nazar est plein... »

Ici, une petite quinte de toux coupa la parole à l'arbre Dubos, mais je compris que ce n'était pas d'un arbre creux que sortaient les sons que j'entendais et je vis que mon ami avait le tronc solide.

Je ne rapporterai pas *dans ce récit* la première partie de l'histoire du *chineur* de *Burdiga*... qu'on sache seulement qu'il est impossible de s'imaginer les insultes, vexations et humiliations qu'il a subies... on peut chercher, on ne trouvera pas de plus mauvais tours à faire qu'on ne lui en a fait... et, tout cela, parce qu'il était entré *malgré lui* dans le service d'un *Évoluard qui ne le voulait pas*...

— « *Tant de fiel entre-t-il dans l'âme des dévots!* » pensais-je, en songeant à ce qui venait de m'être dit... et à l'*Evoluard* religieux.

L'arbre Dubos me donna une volumineuse liasse de papiers et me dit :

— « Prenez ceci.

« En rentrant chez vous, vous jetterez un coup-d'œil sur les notes que je vous donne... Vous y verrez la date et les motifs des insultes ou des humiliations faites au *chineur*... Vous y trouverez, tracé de la main même de son premier *Évoluard*, le chiffre *faux*, imposé au pauvre *chineur* (qui voulait mettre le *vrai* chiffre), et à propos duquel il fut traité de propre à rien... Vous y lirez aussi toute la correspondance que sa position lui a fait faire et à laquelle (il faut rendre cette justice) on n'a pas plus fait cas qu'aux légitimes réclamations qui la motivaient. »

Je pris ce que me donnaît Dubos et, sur un signe de lui, arrêtant ma voix, je l'écoutai encore.

— « Par bonheur (et c'est là que, tôt ou tard, se reconnaît une éternelle équité), par bonheur que tout n'a qu'un temps et que ceux nés coiffés qui trouvent toujours et partout la pâtée prête, éprouvent, eux aussi, de temps à autre, des mouvements de bascule qui doivent, en les rappelant à l'ordre, les faire se ressouvenir qu'ils ne sont pas plus à l'abri des coups de vent que les autres arbres!... »

Je me demandais anxieusement où allait aboutir cette tirade assez prolixe de mon narrateur branchu.

Il continua et m'éclaira.

— « Après dix ans et demi de cette existence, et l'administration des *Larges-et-Longues* ayant, quelque temps auparavant, fait son entrée dans la *Maison-Paternelle*, l'*Évoluard* civil fut remplacé par un *Évoluard* des susdites *Larges-et-Longues*.

« On prétendait que c'était la façon de laisser marcher le *Remuant* du premier *Évoluard* civil qui avait, en grand, ouvert la porte de la *Maison-Paternelle* aux *Évoluards* gouvernementaux.

Ce qui est certain, c'est que le nouveau planté, devant lequel allait se renverser sous peu le grand arbre ou *Évoluard* des *Larges-et-Longues* à l'ombre duquel ses racines avaient poussé, fut annoncé comme un intrépide et fameux appréciateur du travail.

« Tout le monde avait ou paraissait avoir peur du nouvel arrivé.

« Les rampants et grimpants sondèrent le terrain, la direction des racines et les rugosités du tronc pour préparer leur ascension autour de l'arbre *fleuré*.

« L'original, mais probe *chineur* dont je vous entretiens, osa, à l'occasion de sa végétation, écrire à l'*Évoluard* qu'il n'avait pas eu la moindre crainte de le voir implanté dans le *Remuant* dont il faisait partie, et qu'il offrait hardiment son travail et sa conduite comme travailleur à l'examen le plus minutieux...

« Bien lui en prit d'écrire cela, comme vous l'allez voir.

« Aujourd'hui, grâce à un système nouveau, on est arrivé, de simplifications en simplifications, à quadrupler la besogne intérieure du *chineur*. Celle extérieure, par son extension et sa quantité toujours croissantes, a pris les mêmes proportions.

« Le *chineur* est l'arbre *qui a le plus de végétation au dehors*, par suite de son éparpillement irrégulier sur tous les quartiers de *Burdiga*, et il est celui qu'on voudrait voir dans une caisse, immobile comme un oranger...

« Or, le simple oubli d'une mesure de dimension (et quand on en a des *milliers* à prendre il est impossible de n'en point omettre quelques-unes) peut l'obliger à faire des kilomètres pour la prendre.

« Il est utile, indispensable, même, qu'il ait, parfois, besoin de sortir; parce que arrivent certains moments où ses *simples* mais *innombrables* calculs lui troublent le cerveau au point que ses yeux ne distinguent plus les chiffres tracés par sa main fatiguée.

« Le sang lui monte à la tête et, *en plein jour*, une ronde échevelée de totaux, aussi variés qu'impossibles, a lieu dans son cerveau brisé.

« Il est obligé de prendre haleine... de chercher de l'air pour en aspirer à pleine poitrine... et...

« Et on dit qu'il ne fait rien !... et on écrit qu'on va le faire rappeler aux sentiments de ses devoirs!!...

« Aussi, pour le diriger dans ses travaux, par respect pour ses filaments blanchis et pour la plus grande gloire de ceux du *Grand-Signeur*, des *Signeurs* ses adjoints, des *Pères* formant le *Conseil de Famille* et des *Enfants* ayant choisi eux-mêmes tout leur Conseil; on a donné pour chef au *chineur*, un *Poseur* qui serait son fils par l'âge; un *Poseur* qui depuis deux ans a bien pu se mettre au courant de bien des choses faisant partie du *Re-*

muant des *changeants* et des *solides;* mais qui n'est pas plus capable de faire le travail du *chineur* que les *alis* ne sont capables d'apprendre le *Pater*.

« Aujourd'hui, le *chineur* (qui est de *Burdigu même*, et qui met au défi qui que ce soit dans son *Remuant* de faire *de mémoire* un plan de cette ville ou *comblée*, se rapprochant de la vérité comme celui qu'il est prêt à faire), aujourd'hui le *chineur* ne connaît plus sa ville natale et ne sait plus s'orienter pour la parcourir, dit-on; aujourd'hui le *chineur* ne fait plus rien qui vaille, n'est bon à rien, et... enfin, c'est comme sous le premier *Évoluard;* mais, celui-ci avait le bon esprit, tout en traitant le *chineur* de maladroit, de lui laisser faire son travail tout seul, afin qu'il soit mieux et beaucoup plus vite fait... il avait, au moins, foi en sa probité... qui jusqu'ici n'avait été suspectée par nul arbre ou arbuste... mais le Progrès!... oh! le Progrès!... et les arbres!... oh! les arbres!... ceux surtout plantés ou élevés dans les forêts des États... des grands *Ayants*... oh! Monsieur, quels arbres!... ici on se prosterne et on baise mille fois le sol dans lequel ils daignent planter leurs racines... »

Arrivé à ce point du discours, une tiède brise agitant le feuillage de l'arbre Dubos m'empêcha de suivre sa dissertation... qu'il continuait avec volubilité.

Je n'osais l'interrompre me promettant de réunir les parties décousues de son entretien et d'en composer un tout, au fond duquel je chercherais, découvrirais et montrerais la vérité.

Je ne fus pas fâché d'arriver à comprendre que dans la langue *Nazardine* (c'est Dubos qui m'a donné ce mot), les *Solides* signifiaient *Pavages* ou *Pavés*, suivant les cas; *Larges-et-Longues* était synonyme de *Ponts et Chaussées; Enfants* signifiait *habitants; Pères* voulait dire *Conseillers municipaux; Grand-Signeur* et *Signeurs* étaient le *Maire* et ses *Adjoints*, etc., etc.

Ce langage symbolique convint à mon esprit bizarre et ignorant, et je me plaisais à l'étudier en l'écoutant, lorsque la tiède brise ayant subitement arrêté son souffle, il me fût permis d'entendre parfaitement l'épilogue d'un fait que me narrait Dubos.

Je l'interrompis indigné :

— « Mais ce n'est pas un arbre-homme ce fameux *chineur*. . . pour lequel vous voulez que je fasse quelque chose?. . .

« Il faut qu'il ait bien peu de cœur pour avoir supporté tant d'avanies depuis près de quatorze ans!. . .

« Ah! sacredieu! . . Si j'avais été à sa place j'aurais soulevé ciel et terre!. . . Je ne voudrais pas pour vingt *bons* par jour (puisque vous remplacez, à Nazar, le mot *francs* par celui de *bons*), être mené comme on mène les autres et comme on a promis de le mener. . . Je ne voudrais pas. . . »

— « Bah!. . . bah!. . . bah!. . . bah!. . .

« Vous parlez en l'air. . . et vous auriez besoin de prendre un bain de pieds pour calmer vos sens agités.

« Vous saurez que mon *chineur* est un arbre plein de sève encore. . . qu'il a son cœur brûlant sous son écorce calcinée. . . qu'il n'a pas encore soulevé ciel et terre. . . mais que dans la *Maison-Paternelle* il s'est adressé à *tous* les *Grands-Signeurs* ou *Signeurs* qui s'y sont succédé depuis qu'il occupe son emploi.

« Plusieurs de ces généreux arbres, après s'être donné la peine d'incliner leurs rameaux vers les sons de l'affaire du *chineur*; après avoir subi l'influence de tous les courants d'air, car : *qui n'entend qu'une cloche n'entend qu'un son*; et *qui ne sent constamment que le même vent ne peut pas connaître les autres;* plusieurs, dis-je, s'étant enquis pour savoir si mon pauvre paria avait raison, en ont été plus qu'amplement convaincus.

« Alors, ils ont cru prendre et faire prendre des mesures pour améliorer sa position; mais on a *toujours* trouvé moyen (et *toujours* par respect pour eux et les filaments blancs de tous les arbres de *Burdiga*), de tourner leurs *déCisions*. . . ce qui aboutissait à en faire des *déRisions*.

« Que voulez-vous, mon vieux collègue? Les *Signeurs* signent. . . ils sont abordables pour tous les arbres. . . mais généralement, n'ont le temps d'écouter que les bruissements de ceux qui sont *chefs d'Assises* ou de *Remuants*.

« Or, ces chefs en question (presque tous considérés comme des arbres-aigles), se trouvant *constamment* juges et parties dans les causes qu'ils prennent pour leurs, font croire à peu près tout ce qu'ils veulent aux *Signeurs* grands ou autres.

« Aussi, rien de plus facile (s'ils le jugent convenable), de voir les premiers persuader aux seconds que tel arbre, surchargé de végétation ne pousse pas ; que tel autre, aussi mal dressé que maladroit, est un phénix ; que celui-ci, qui est le plus bruisseur, est au contraire le plus silencieux ; que celui-là, dont *nul* n'accepterait la besogne écrasante, ne fait rien... ou la fait mal, etc.

« Les *Signeurs*, tous honorables *Ayants* ou *Faiseurs*, ne pouvant pas entrer dans les détails minutieux, importants et nombreux des ouvrages dont ils *signent* les règlements, et ne connaissant, en fait d'arbres employés que ceux dont, à dessein, on dirige les silhouettes ombreuses devant eux ; prennent pour argent comptant la monnaie altérée qu'on leur donne et n'ont trop souvent, ni yeux, ni oreilles pour qui mériterait d'être entendu et vu... bienheureux encore, si les arbres tenus à un injuste écart, ne sont pas mis au plus sauvage index et représentés comme des arbres vénéneux et des destructeurs de toute espèce de culture.

« Or, comme mon *chineur* s'est déjà vu dire en face par son savant et *délicat Poseur* qu'il cherchait à *favoriser* le *Faisant*... ce qui équivaut à *tromper* la *Maison-Paternelle* ;

« Comme mon *chineur* s'est permis de parler d'*Œil-Pie* en voyant une certaine note ayant, plus que probablement, provoqué de sévères observations à lui faites par l'*Évoluard* ;

« Comme mon arbre *chineur* s'est vu vertement redressé parce que dans un *Pie-pie* du *Poseur* il était signalé comme *s'étant permis de changer des ordres de service*... »

— « Ah ! ça... je ne connais ni ne comprends votre *Pie-pie*, mais je saisis le fait que vous citez... Eh ! pensez-vous que ce fait ne soit pas grave, très grave et ne mérite pas une .. »

— « Taisez-vous... allez prendre un bain de pieds, vous disje encore... *Pie-pie* veut dire *Rapport*.

« Tant qu'au fait *grave*, le voici :

« Un *changeant* devait être exécuté dans une *courte* en même temps que d'autres.

Le travail était signalé *comme terminé* par le *Revoyant* chargé de cela. Lorsque le *chineur* se rendit pour mesurer le *changeant* il ne vit rien à faire. Il parla de cela au *Revoyant* qui avait écrit sur l'ordre de service le mot *fait* et la *date* de la confection du travail.

« Le *Revoyant* lui dit que la commande du *changeant* était *une erreur* et qu'on avait fait un premier *solide*.

« *C'était vrai*... L'*Ayant* ou l'*Ayante* qui avait demandé le *changeant* n'en voulait plus et se contentait de ce qui venait d'être fait..

« L'ignare *chineur* fit alors une croix sur l'ordre de service donné au *Faiseur* et y griffonna ces mots, qui devaient motiver la partie la plus aggravante du loyal et très spirituel *Pie-pie* du *Poseur : Nul, erreur...!*

« L'idée ne lui vint même pas, à ce rabougri *chineur*, de parler de cette chose toute simple à l'expérimenté *Poseur*. . lequel en profita pour embellir le *Pie-pie* fait contre celui qui, beaucoup plus ancien que lui dans la *Maison-Paternelle*, a été placé sous ses ordres *par esprit d'équité et de discipline*, paraît-il... oh! la, la... »

« Voici le fait *grave*, déduisez-en les conséquences. »

— « Mais votre *chineur*, pourquoi ne s'explique-t-il pas avec l'*Évol*... »

— « Ah! mon Dieu! mon Dieu!... quelle triste tête vous avez, maintenant!... je puis bien vous appliquer ce qui s'applique à un autre.

« Vous ne m'écoutiez donc pas quand je vous ai dit et répété, il n'y qu'un instant, ce que l'*Évoluard* répète et dit au *chineur* quand celui-ci, ivre de fatigue et de chiffres, a la migraine ou qu'il a seulement le sang porté à la tête... au point que ses yeux en sont injectés et qu'il n'y voit plus :

» *Il vous faut, souvent, très-souvent, prendre des bains de pieds*... »

La volubilité et le ton presque ironique avec lesquels l'arbre Dubos m'adressa cette dernière phrase me vexèrent un peu... je dois en convenir.

Aussi, prenant son allure et son ton, je lui répondis :

— « Vous ne ferez pas mal, vous-même, d'aller un peu tremper vos racines dans les petits bassins qui embellissent cette Place... cela vous rafraîchira la cime et en fera descendre la sève qui la fatigue... »

Quelques petits rameaux ombrageant la tête de l'arbre s'agitèrent, d'autres lui servant de doigts tremblèrent un peu aux extrémités de ses branches-bras ; mais ce fut tout et l'arbre reprenant son immobilité pleine de mansuétude, continua ainsi la conversation :

— « Je vous ai fait remarquer que le grand chef de mon *chineur* n'écoute pas ou ne tient nul compte (ce qui revient absolument au même), de tout ce que cet inférieur peut dire et faire.

« A-t-on fait pour *cinquante mille Bons de Changeants obligés*, il lui soutient carrément que *non... non... non...*

« Fait-on beaucoup plus de travaux qu'autrefois (ce qui a été déclaré le 20 septembre dernier, à 5 heures de l'après-midi, par le profond *Poseur* à un *Faiseur* de *Changeants coulés*) ; la division des travaux entre plusieurs *Faiseurs* ; leur éparpillement dans *Burdiga* agrandi ; les infinis détails dont on a surchargé le travail intérieur ; toutes ces raisons, tous ces motifs, ont-ils rendu le service du *chineur* beaucoup plus pénible, l'*Évoluard* maintient gracieusement que *non... non... non...*

« Le *chineur* dit-il, avec la conviction d'un arbre qui sait pourquoi il pousse sur la terre, qu'il connait parfaitement les sillons ou fissures que doivent suivre ses racines, ainsi que la direction que doivent prendre ses rameaux, l'*Évoluard* le traite d'orgueilleux et, avec une remarquable modestie, lui déclare qu'il sait mieux que lui toutes ces choses-là et que son travail de végétation n'a rien que de très ordinaire...

« Il va plus loin (lui qui a été poussé en louvoyant, par des coups de vent du Hasard, jusque dans *Burdiga*), il dit au *chineur*-même que lui, *chineur*, ne connait pas *Burdiga* et qu'il ne sait pas s'organiser pour allonger ses branches dans les *courtes* ou rues de n'importe quelles classes...

« Du reste, le suprême genre, le genre modèle, dans ce *Remuant* est, pour ceux qui y ont quelque titre ou qualité, de donner, sans la moindre hésitation, des démentis formels aux arbres placés à tort ou à travers sous leur ombrage; de nier aujourd'hui les impulsions sous lesquelles ils ont été hier et d'affirmer demain que le vent qui, en ce jour, n'aura agité aucune feuille, a renversé les arbres les plus robustes... ô progrès rétrograde!... que tes produits sont beaux!...

« Bref, mon vieux, le *chineur*, qui est natif de *Burdiga*, ne sait plus rien, ne connaît plus rien... rien... rien... plus, même sa *comblée* ou ville natale... je vous le répète encore.

« Comprenez-vous sa position, maintenant... ? »

— « Hélas!... » dis-je, en songeant à ceux qui peuvent être dans le même cas.

— « Eh bien! il faut trouver un moyen de sortir cet arbre de là...

« J'étais auprès de lui quand on le couvrit d'humiliations devant son fameux *Poseur*.

« C'était le premier août dernier... et précisément dans la nuit même de ce jour à celui le suivant, vous commençâtes paisiblement vos *Rêves Allemands et Français*... Vous voyez que, grâce à son prochain voisinage du satellite de la terre, la planète Nazar a des instruments qui lui permettent de voir, de jour ou de nuit, ce qui se passe ici-bas.

« Je reprends.

« C'était le premier août dernier... A travers mon branchage supérieur je vis la scène qui eut lieu et je compris aisément une chose, quand on lui a dit qu'il *pouvait s'en aller*...

« Je compris que, par tous les moyens, parmi lesquels celui de la surcharge de travail qu'on traduira en *négligence* et *incapacité*... (saisissez-vous?) »

Je fis un signe d'assentiment et l'arbre suivit le fil de son discours.

— « ... On voulait arriver à le faire partir de ce *Remuant* dans lequel *il est le seul arbre ayant pris racine à Burdiga*.

« J'ai entendu quand le *Poseur* a dit qu'il le ferait marcher, etc., etc., et je vous prie de croire que ce serait un peu ça... on n'a qu'à voir la manière dont il redresse les malheureux arbres *Revoyants et Voyants* qui font quelques erreurs !... Ce sont tout de suite des menaces de *Pie-pie*, d'amendes, etc. »

— « Diable !... il est donc bien fort ce *Poseur*, *planté* si solidement au-dessus des arbres plus anciens que lui, soit par leur âge, soit par leur position, dans le jardin de la *Maison-Paternelle* ? »

Mon interruption prouvait à l'arbre Dubos que je faisais des progrès dans la langue *nazardine*, mais il n'y répondit que par un grotesque et phénoménal éclat de rire que parurent grimacer les grosses statues du Palais de Justice

Et l'éclat de rire de l'arbre devint une hilarité nerveuse qui l'obligea à s'en tenir l'*é-corce*... bref, il riait à *tronc* déboutonné.

Moi, je ne riais pas... Je ne comprenais rien à ce que je voyais.

A la fin, ce rire caustique s'arrêta et l'arbre reprit :

— « Vous demandez s'il est fort ?

« Mais si on lui faisait des menaces d'amendes et de *Pie-pie* à propos des erreurs et des surcharges qu'il peut faire ou commettre, on n'en finirait pas... et c'est pour cela qu'*il y a de quoi s'indigner* de voir sa manière d'agir auprès de pauvres arbres ne tenant que d'eux-mêmes, que de leur force de volonté, le peu qu'ils savent.

« Et ce n'est pas tout... »

Ici l'arbre *Dubos* se pencha vers moi, inclina autour de ma tête les branches de feuillage recouvrant la sienne, ce qui fit que nos deux chefs disparurent dans une verdure épaisse empêchant la voix de se perdre dans l'espace, puis il me parla bas, bien bas... mais j'entendis tout... et je frémis pour l'avenir de misère et de honte qu'on préparait sournoisement, bien qu'au grand jour, au malheureux *chineur*.

Évidemment *on lui rendait son travail impossible.*

J'écoutais toujours... et je tremblais d'indignation...

....

Et, tout en écoutant, je me fis les réflexions suivantes (la première assez relevée, la seconde très triviale pour nos contrées; toutes deux compréhensibles... je crois) :

1° Dans la même maison que j'habite, habite également une des premières brodeuses de Bordeaux (pour laquelle, entre parenthèse, je me trouve faire ici de la réclame).

Cette brodeuse, occupant des ouvrières, peut vouloir se débarrasser d'une qui lui est imposée... (c'est une supposition).

Une infinité de moyens doivent se présenter pour lui faciliter la chose, mais le plus radical, parce qu'il dégoûtera l'ouvrière, sera (en sus de la surcharge de travail), de donner à qui que ce soit, *à moi le premier*, l'ouvrage *terminé* de l'ouvrière à faire déguerpir, et de me recommander de suivre son travail *point à point*, *perle à perle;* et de tout défaire, si une perle est placée un peu de travers, si un point n'est pas régulier.

Or, je ne suis point brodeur, mais pour peu que j'aie une pointe contre l'ouvrière gênante, et surtout si (le désirant) j'espère gagner, par ce moyen, les bonnes grâces de la bourgeoise, je réponds, sur mon amour pour ma patrie, de donner de la besogne après moi... dussé-je, par excès de zèle et de précaution, défaire d'excellent travail.

2° D'un autre côté (et voici la réflexion triviale), je me figure (moi ancien commis-négociant) voir un chargement de caisses pleines de bouteilles de diverses qualités, les bouteilles toutes emballées, les caisses prêtes à être clouées et, ce moment venu, un ordre donné par le maître de chai de désemballer *tout* pour voir si les bouteilles sont bien bouchées, capsulées étiquetées, etc., avec recommandation formelle d'arracher l'étiquette de travers, de déboucher la bouteille un peu trop pleine ou celle ne l'étant pas *symétriquement* assez, etc., etc.; et le pauvre emballeur obligé de recommencer son travail...

Je vois le chargement retardé de *deux mois*... parce qu'on aura découvert en cherchant *l'impossible* et le *ridicule*, que la malfaçon de l'emballeur *harcelé de travail* pourra s'évaluer à une *trentaine de francs!!!*... mais cette heureuse et convaincante découverte aura coûté à la maison de commerce plus de *cent francs* de journées... en ne comptant pas, bien entendu, la bagatelle d'intérêts à 5 p. °/₀ d'une trentaine de mille francs pendant deux mois...

O prodige de simplification... et d'économie!... mais on pourra prouver que l'emballeur n'est pas bon... et le maître de chai l'ayant fait partir d'une manière ou d'une autre, le remplacera par un emballeur de son choix... ou, chose plus simple mais troublant un peu le doux *farniente* de ses autres ouvriers, il fera faire par eux le travail de celui qu'il aura fait mettre sur le pavé... après 25 années de bons et rudes services!...

Je conclus de mes réflexions qu'emballeur et brodeuse, *déclarés* ne s'occupant pas ou travaillant mal, finiraient par être renvoyés ou seraient forcés d'abandonner, eux-mêmes, leur poste. Je conclus, également que, dans des conditions semblables et avec amplifications de simplifications *du même genre*, le travail de *trois mois* ou d'un chargement ne pourrait s'effectuer, se terminer, se régler *d'un an*... toujours par la faute *déclarée* de l'ouvrier accablé... et je devins soucieux...

Mes pensées intérieures semblèrent être comprises par l'arbre *Dubos*, car, ayant fini ses confidences, il releva sa tête, sous l'ombrage de laquelle je commençais à m'étouffer et il continua à haute voix :

— « Vous le voyez, ami, il faut sortir cet arbre de là... on a mis le feu sous la tourbe dont on a peu à peu recouvert ses racines et approche le moment où, l'incendie souterrain venant à éclater, il tombera pour ne se plus relever... on a vu des précédents terribles de ces feux cachés qui, éclatant tout-à-coup, ont dévoré des forêts entières... et vous ne pouvez comprendre l'atroce joie qu'éprouvent certains arbres grincheux, en voyant tomber ceux dont ils redoutent l'ombrage ou le bruissement du feuillage, à cause de quelques motifs cachés qu'ils n'oseraient avouer hautement.

« Mon *chineur*, manquant d'instruction, ne sait nullement comment s'y prendre, ni quelle chose faire pour se tirer de là.

« C'est vous que j'ai choisi pour me l'enseigner, puis j'irai la lui inspirer.

« Notez bien que ses incessantes réclamations ont été inutiles depuis treize ans et demi.

« L'avant-dernier *Signeur* auquel il s'adressa et auquel il doit la seule gratification qu'il ait obtenue durant 25 ans, lui avait dit qu'on améliorerait sa position !...

« Vous êtes à même de juger quel genre d'amélioration y a été apportée...

« Le *Signeur* actuel de son *Assise* est bien l'un des arbres les plus laborieux, les plus honnêtes de *Burdiga;* mais ces deux qualités, qui lui font croire que tous les autres arbres sont comme lui, lui laissant subir les impulsions et les inclinaisons de ceux qui s'étalent autour de lui, l'empêcheraient d'avoir la moindre créance aux dires d'un arbre qu'on a dû lui représenter, comme le mancenillier de l'*Africaine*, exhalant des miasmes malfaisants et ennemi juré de toute culture honorable...

« Et, ce qu'il y a de positif, c'est qu'on chercherait à étouffer, sous un murmure plus fort, le murmure du feuillage de mon *chineur* avant qu'il n'arrive au *Signeur*... »

— « Cependant, si... »

— « Je vous dis que tout est inutile. Celui auquel je m'intéresse a cherché à diriger ses rameaux sur toutes les routes accessibles... à tous... elles ont été toutes barrées pour lui!!!...

« Quand il a dit à un chef d'*Assise* que son service le tuait et qu'on ne devrait pas l'y laisser mourir, le chef d'*Assise* lui répondit laconiquement : *il faut bien mourir quelque part.*

« Dans le fond, c'était juste; mais, dans l'espèce, c'était cruel...

« Je le sens bien, moi, qui, à Bordeaux, ai succombé sous la fatigue d'un travail identique, mais pas si considérable, fait pendant 12 années seulement. Hélas ! durant ce temps, exposé à toutes les intempéries des saisons, que de coups-d'air, douleurs, rhumes et fluxions de poitrine n'ai-je pas attrapés ?... »

Un soupir accompagna ces derniers mots.

Tant qu'à moi, je venais d'éprouver une petite satisfaction. J'avais compris que, dans *Nazar* ou tout au moins dans *Burdigà*, les chefs d'*Assise* de la *Maison-Paternelle* étaient ce que nous appelons, dans nos grandes mairies ou autres administrations, les chefs de division. — J'admirai, je le confesse, ce langage imagé et, profitant du moment de silence que le soupir de l'arbre venait de provoquer, je lui demandai s'il ne lui serait pas agréable de me faire passer, à la première visite qu'il me ferait, un dictionnaire nazardin, avec la traduction française des mots, m'engageant à en tirer un parti merveilleux.

L'arbre, d'un geste d'assentiment, me le promit et, je le répète : comme j'ai foi en lui (les morts d'ici-bas ne mentent plus), c'est exactement comme si je le tenais ou, plutôt, comme si nous le tenions, cher lecteur, car c'est davantage pour toi que pour moi que j'ai demandé ce dictionnaire... Reste à savoir si je saurai m'en servir... avec la profonde ignorance qu'on fait journellement et publiquement ressortir en moi...

Enfin, nous ferons ce que nous pourrons, n'est-ce pas, mon ami Public?... et les puits de science qui nous environnent, en daignant laisser sortir un moment la vérité de leurs profondeurs, feront le reste...

Cependant l'arbre Dubos, continuant son discours se reliant à la phrase relative à la réponse faite par le chef d'*Assise* au *chineur*, s'exprima ainsi :

— « Quand il a tenu le même langage au nouveau premier *Discret* ou *Secrétaire* de la *Maison-Paternelle*, ce grand *Discret* (qui ne s'est plus du tout occupé de lui depuis cette époque), lui a répondu qu'en effet ça devait être pénible, à son âge, de remplir un emploi semblable et d'être, par quelque temps qu'il fut, obligé de patauger dans la poussière, la neige, la boue, les glaces, etc., surtout pour un poëte... »

— « Ah ! le malheureux !... » m'écriai-je, « Il est poëte !.. et on le sait ?...

— « Oui. »

— « Eh bien ! il est perdu... »

Ma franchise éclatait tellement grande en prononçant ces derniers mots, que l'arbre Dubos sembla chanceler sur ses racines raidies par la sensation qu'elles venaient d'éprouver.

— « Et pourquoi donc ? » riposta-t-il aussitôt.

— « Parbleu, » répondis-je, « on dira qu'il fait ses *rimailleries* à son...

« Comment nomme-t-on un bureau dans la planète Nazar? »

— « *Parloir.* »

— « Eh bien, on dira qu'il *poétise* à son *Parloir*... et son affaire sera réglée... Le *chineur* ou *métreur* sera *toisé* .. »

— « Je pensais que vous m'aviez un peu plus écouté et mieux compris... ou .. il faut que vous soyez bien peu sérieux à votre âge. »... répondit l'arbre presque indigné.

« Quel est l'être humain capable de faire dans un *Parloir*, en même temps que des *centaines* de plans à retracer et des *milliers* de petits problèmes à résoudre, la moindre pièce de poésie?...

« Du reste, il n'y aurait, vous allez le comprendre, mon vieux, qu'une chose bien simple à faire pour se rendre compte du travail végétal du *chineur*. Ce serait d'en mettre un autre à sa place et d'en exiger *autant*, *sans lui faire grâce de quoi que ce soit*. »

— « Mais oui... cela me paraît assez juste... ainsi, par exemple, on pourrait y mettre un *Poseur*.

« Pour une fois il ne serait pas déshonoré du travail qu'il aurait à faire.

« Ce n'est pas le travail, si avilissant qu'il puisse paraître, qui rabaisse l'homme ; c'est, très souvent, l'homme, si supérieur qu'on puisse le croire, qui avilit le travail. »

— « Vous raisonnez d'or, mon cher.

« Mais quel *Poseur* voudriez-vous qu'on mît à ce poste?... »

— « Celui qui le dirige, parbleu.

« Ayant été mis dans ce... (comment dit-on service?...) »

— « *Remuant.* »

— « Ayant été mis dans ce *Remuant* pour le faire marcher et pour instruire l'ignorant *chineur*, il doit connaître à fond ce que celui-ci a à faire... Car il est assez logique (ou je suis une vraie buse), de supposer, que dis-je, de croire , d'affirmer que *qui peut le plus peut le moins*... »

— « Ah!... ah!... ah!... oh! fameux!... fameux!... ah!... ah!... ah!. . »

Et l'arbre Dubos se prit à rire.

Je déclare sur mon âme et conscience que j'eus peur, un moment, qu'un second accès d'hilarité n'empoigna mon ombragé interlocuteur... mais, Dieu merci et à mon grand étonnement, il n'en fut rien.

Ma surprise redoubla lorsque je vis l'arbre prendre sa flûte et jouer, avec une facilité que je ne lui soupçonnais pas, l'air :

Va-t-en voir s'ils viennent, Jean,
Va-t-en voir s'ils viennent.

J'entendais... mais je ne comprenais rien.

Quand cet air, que je n'ai jamais connu, fut terminé, l'arbre reprit ainsi, très sérieusement :

— « Soit.

« Je voudrais bien, *moi aussi*, qu'on mît le *Poseur* à faire ce travail de taupe... Je désirerais, même, qu'on lui adjoignît le *Brouilleur*... et qu'on me mette auprès d'eux pour chercher les puces à leur noire besogne comme on les fait chercher à celle du pauvre *chineur*... Nous ririons bien... ah! ah! ah!

« C'est pour le coup qu'on pourrait ouvrir une *corde* spéciale aux frais de *posage* ou *déplacement*... et malgré cela... oui!...

« Mais *on ne le fera pas*... on devra même dénicher des motifs bien sérieux, bien graves, *pour ne le point faire*... on perpétuera au *Poseur*, pour le plus grand respect et honneur des vénérables arbres de la *Maison-Paternelle*, le droit de greffer sa signature sur des centaines de pièces qu'il lui serait moins facile de bien faire que de se mordre lui-même son nez... dont le flair est si subtil.

« Le dégagé *Poseur* ne se sortirait pas plus du travail du *chineur* que celui qui voudrait se charger d'apprendre le *Pater* aux *Alis*... »

Ici, l'arbre Dubos s'arrêta, me regarda et vit que j'avais compris.

Ce n'était point difficile... ça faisait deux fois que j'entendais, à peu près, la même phrase.

En prenant le singulier d'*Alis* j'avais un diminutif d'*Aliboron* que le bonhomme Lafontaine a pris soin de faire connaitre à tout le monde.

L'arbre continua :

— « On veut, à tout prix, faire partir mon *chineur*.

« J'ignore qui l'on veut mettre à sa place; mais il est plus que certain que ce n'est nullement un *Burdigalais*.

« Je comprends, même, à la rigueur, que, lui parti (et *pour prouver qu'il était un arbre inutile*), on mettra *Poseurs*, *Brouilleurs*, *Grattards*, *Revoyants* et *Voyants* à faire son travail...

« Je comprends qu'*alors on trouvera de vrais et radicaux moyens de simplification*... mais le *chineur* sera abattu... et... le tour sera joué... et le *Grand-Signeur*... et les *Signeurs-Adjoints*... et tous les enfants de la *Maison-Paternelle* et ceux de *Burdiga* n'y verront que du feu.. voire, même, ne sauront pas, pour la plupart, qu'un malheureux arbre a été renversé par de longs et sournois coups de vent de Rancune sans raisons, et par des coups de hache de Haine aveugle. »

L'arbre Dubos agitait convulsivement ses branches en tenant ce propos.

Il continua :

— « Vous vous dites républicain, vous dites aimer votre Patrie, dont je sais les tribulations et les espérances (parce qu'à *Nazar* et dans *Burdiga* nous ressentons les mêmes secousses et subissons les mêmes épreuves que la France); eh bien! mon brave ami d'autrefois, mettez-vous à la place de mon *chineur* et voyez si, à 50 ans, on peut de sang-froid, lorsqu'on sent encore la sève bouillonner sous son écorce, se voir préparer un sol d'une semblable aridité?

« Demandez-vous si le plus zélé travailleur ne doit pas arriver au découragement quand tous ses efforts, toute son intelligence et tous ses soins ont été, vainement, consacrés à un travail qu'on veut faire passer pour nul et duquel, pourtant, dépendent des *centaines de mille Bons?*

« *Demandez-vous si l'un des moyens de relever un pays humilié sous des affronts immérités, consiste à ravaler* INDIVI-

DUELLEMENT *ses enfants et surtout ceux qui, par malheur, ayant l'intelligence obtuse, savent et peuvent prouver qu'ils ont du cœur?*

« *Demandez-vous si, obligeant un arbre à se ployer sous une ignare et despotique force, on ne l'avilit pas* APRÈS L'AVOIR ABRUTI?

« *Demandez-vous si tout n'a pas ses limites; le travail qui nécessite la force aussi bien que la force produisant le travail?*

« *Demandez-vous si une force, si supérieure qu'elle soit, n'a pas son maximum et si un travail, par sa nature et sa quantité (et malgré sa simplicité* CRIÉE SUR LES TOITS), *peut n'être pas au-dessus de toute intelligence* ET DE TOUTE BONNE VOLONTÉ?

« Voyez, jugez. Que feriez-vous?

« Je n'ai plus rien à dire, si ce n'est que mon *chineur*, qui toute sa vie a été à la disposition de tout le monde pour rendre service, n'a pas gagné un *bon* (un franc), *depuis plus de* 10 *ans, pour travail fait en dehors de la Maison-Paternelle pour le compte d'arbres étrangers*... tandis qu'il en est pas mal d'autres qui... Mais on rend tellement la *Maison-Paternelle* bienfaisante à l'égard de certains arbres, qu'il n'y a rien à dire.

« J'ajouterai, pour terminer, que les *Ayants* ou *Propriétaires* continuent *plus que jamais* leur demande de *changeants;*

« Que l'*Évoluard* pousse, *plus que jamais*, à en faire faire d'*obligés*, ainsi que des *Premiers solides* ou *pavages*;

« Que la pose *obligée* des *écouleuses* ou rigoles accroît plus que jamais le travail;

« Que, le 20 septembre 1872, à cinq heures du soir, je crois vous l'avoir déjà dit, le *Poseur* entretenait un *Faiseur* de *changeants coulés* de l'accroissement des travaux relatifs aux *Changeants* de tous genres;

« Et je termine, en constatant que c'est avec le plus grand sang-froid qu'on accumule devant le malheureux *chineur* la besogne la plus impossible.

« Encore une fois que feriez-vous? »

Je me recueillis un instant et dis, en regardant fixement l'arbre Dubos :

— « Prenant pour vrai tout ce que vous venez de dire... »

L'arbre m'interrompit et saisissant mon poignet gauche de sa main droite solidement branchue, il me dit :

— « Apprenez, vieux collègue, que les morts, ceux qui sont proches de l'être et ceux qui n'ont pas peur de mourir sont incapables de mentir.

« Tout ce que j'ai dit *peut se prouver!!!...*

« On n'a qu'à faire une *vraie* et *sévère* enquête sur la situation autant exceptionnelle que ridicule dans laquelle a été placé mon *chineur* sous son premier *Évoluard*.

« Les *Revoyants, Voyants...*

« Je vois que je vous embrouille.

« Pour un moment je vais, par rapport à vous, reprendre mon ancien langage si peu expressif.

« Les *Piqueurs*, *Surveillants*, *employés*, *garçons de bureau*, etc., de l'époque, diront tous, (*s'ils ne se laissent pas intimider par les gros arbres* qui sont ou qu'ils regardent comme leurs supérieurs), quelle situation était celle du *chineur*.

« Mais on peut et on doit, surtout, consulter les souvenirs du jeune arbre cousin de l'*Évoluard* d'autrefois et ceux de la veuve d'un chef *Revoyant*; on apprendra comment mon *chineur* était secondé et dans quelles conditions il était obligé de travailler... on verra quel était celui toujours à l'attache.

« Vu l'inimitié plus qu'ostensible de l'arbre-chef, il était mis à l'index par un tas de jeunes arbustes qui, tous, eussent pu être ses rejetons... Il se séparait d'eux très volontiers ne réclamant qu'une chose : remplir tranquillement sa tâche.

« Du reste, dans les notes que je vous ai remises tout-à-l'heure et qu'il vous faudra lire attentivement, vous verrez la correspondance du *chineur*... elle sera, pour vous, d'autant plus curieuse, qu'à des faits nets, clairs et précis, les trois-quarts du temps on n'a nullement répondu.

« En nombre de cas, mon vieux, vous saurez que le silence qu'on se plaît à appeler majestueux dédain, n'est autre chose que de l'ignorance ou l'acceptation tacite de ce qu'on devrait réfuter.

« Conservez les notes en question, *vous en ferez une histoire.* Leur contenu est, aussi bien que tout ce que je vous ai dit, la pure, l'exacte vérité.

« Je vous le jure. »

Et, me lâchant le poignet, l'arbre leva sa branche droite vers le ciel... puis l'ayant abaissée, il garda le silence.

J'étais plus que convaincu.

— « Eh bien! dis-je, dans ce cas-là et tous les moyens qui auraient dû être bons ayant été inutilement et sottement employés, il n'y en a plus qu'un à notre service; mais il sera radical... à moins, toutefois, que tous les *Burdigalais* ne soient des *A...lis*... ce qui est impossible. »

— « Quel est ce moyen infaillible? »

— « Il faut écrire aux enfants de *Burdiga* et faire afficher partout ce que nous écrirons. »

— « Voyons. Écrivez. »

L'arbre fouilla sous son écorce, en tira une immense poche en cuir et l'ouvrit.

Dans cette poche bric-à-brac était une foule de choses, mais les premières dont s'empara l'arbre furent des allumettes et un gros cigare auquel il mit le feu sans avoir la moindre crainte d'incendier ses rameaux.

Du papier, un crayon à mine très noire et une bougie furent successivement tirés de la poche-valise.

Le papier et le crayon me furent remis.

La bougie fut allumée.

Nous nous assîmes tous deux sur les marches de l'hôpital Saint-André et tandis que j'écrivais à la lueur de la bougie, que quelques gouttes fondues clouaient au sol, l'arbre Dubos, fumant tranquillement son cigare, eût pu, s'il eût été vu de loin, être pris pour un buisson éclairé par une monstrueuse luciole.

J'achevai mon écrit et je lus :

« Aux *Enfants* de la *Comblée* de *Burdiga*.

« *Burdigalais !*

« Un des arbres nés de votre sol, le *chineur* de la *Comblée*, surchargé d'un travail que ceux qui le font faire ne veulent à *aucun prix* comprendre, ne veut plus lui-même, à *aucun prix*, être placé sous l'ombrage écœurant d'un *Poseur*, arbre étranger que la protection... le... ou les... (il ignore qui ou quoi), lui ont imposé pour tuteur...

« Afin que chacun puisse bien comprendre le motif qui fait agir ainsi le *chineur*, votre frère, vous saurez qu'il demande au *Grand-Signeur*, aux *Signeurs* ses adjoints, au *Conseil des Pères* et à vous tous, courageux et intelligents arbres de *Burdiga*, qu'un concours PRATIQUE ait lieu entre le *Poseur* et lui.

« Ce concours pourra s'ouvrir par la levée des plans (au tirage au sort), des deux *changeants* les plus compliqués de *Burdiga*. Les plans levés, il sera demandé aux *Revoyants*, *Voyants* et *Faiseurs* des notes sur tous les détails compliquant le travail des *changeants*, *changeants* considérés comme faits partie en neuf et partie en vieux.

« Les plans levés et les notes (*irrégulières* mais *complètes* des travaux supplémentaires), étant données et prises, le *Poseur* et le *chineur* feront PUBLIQUEMENT le croquis au net de leur plan et le compte de leur *changeant* suivant les quantités trouvées et les prix usités.

« Ce premier travail fait par les deux parties, le concours continuera par l'étude ou projet de *changeants obligés*, *solides* ou *coulés*.

« Le *Conseil des Pères* choisira deux *courtes* ou *voies* de la même classe. Ces *courtes* seront tirées au sort, comme la levée de plans des *changeants*, entre les deux concurrents qui, *sur les lieux-mêmes* et chacun de leur côté, lèveront les plans de la voie et dresseront les devis des dépenses.

« Il est bien entendu qu'aucun calque ne sera relevé sur aucune espèce d'Atlas.

« Enfin, et cela ne pourra qu'être très facile au *Poseur*, par suite de la grande et louable habitude qu'il en a ; enfin, les deux arbres mis en présence feront, *chacun à leur guise*, un rapport général sur les *changeants* et les *solides*.

« Ce rapport ou grand *Pie-pie*, au gré du *Conseil des Pères*, pourra être ou n'être pas accompagné de chiffres.

« Les deux premières conditions de ce concours ne seront pas remplies simultanément par les deux concurrents.

« Ils devront opérer l'un après l'autre (*et pas en présence l'un de l'autre*), de façon à ce que chacun puisse voir et juger la manière employée par chaque arbre pour diriger ses branches; mais les dessins, notes et calculs devront être commencés en même temps... *sitôt* ces opérations terminées des deux côtés, le rapport réclamé sera commencé.

« Le travail non terminé dans la journée sera remis entre les branches d'un arbre du *Conseil des Pères,* ou dans celles d'un *enfant* de *Burdiga* agréé par les deux parties; et le lendemain, toutes leurs pièces respectives leur seront rendues et ainsi de suite jusqu'à achèvement complet du travail demandé.

« Autant que faire se pourra et que le temps le permettra, les arbres lutteurs ne se mettront sous aucun ombrage et écarteront même le leur, pour qu'au grand jour on puisse suivre tous leurs mouvements.

« Après examen et constatation des pièces remises par les deux rivaux, le *Conseil des Pères* fera connaître le nom du lauréat du concours.

« Le capable sera proclamé vainqueur et à chacun de ses rameaux sera greffée soit une couronne... soit une *fleur* ou croix d'Honneur

« L'incapable sera déclaré vaincu, on lui enlèvera le feuillage qui ombrage sa cîme, on lui sortira la terre sous ses racines et il sera renversé...

« Ce jour-là tout *Burdiga* sera en fête.

« On allumera des feux de joie et de Bengale pour célébrer la victoire de l'arbre capable et, ma foi, tant pis si l'arbre incapable se trouve, dans son refoulement général, obligé de brûler le bout de ses branches.

« Un feu d'artifice dont le sommet de la pièce principale se perdra dans la Lune, sera tiré sur la *Grande Place* de *Burdiga*. Cette pièce principale représentera le fougueux *Achille*, l'intrépide fils de Pelée et de Thétis. Ce héros sera d'autant plus bouillant que le complet bain de feu dans lequel rougiront ses pieds *en granit*, le démontrera, cette fois-ci, vraiment invulnérable dans toutes ses parties... sans exception aucune... une invulnérabilité *infaillible*, quoi !

« Une grande distribution de vin de toutes les comètes, ainsi que de toute espèce d'eau de Jouvence, sera faite et tous les arbres pourront en boire et y tremper leurs racines.

« Dans l'ivresse générale, il sera permis à tout ce qui s'élève, pousse ou végète de courir sus et de se jeter sur toutes les branches de l'arbre tombé...

« Passé ce moment de délire, il sera sévèrement défendu d'insulter au vaincu malheureux... Mais, par esprit de conciliation, on fermera les yeux pour ne pas voir ceux qui enfreindraient cette humaine recommandation, et on se bouchera les oreilles pour ne pas entendre les plaintes du déraciné...

« Qu'on se le murmure dans les forêts, dans les clairières, par-dessus les toits, partout...

« En un mot, qu'on se le bruisse!!...

« Ce qui a été dit ayant été écrit, pour l'affirmer, je signe :

« *P. S.* — Pour ce que sait faire *pratiquement* le *Poseur*, depuis les nombreuses années qu'il s'en occupe, et que n'a jamais fait ni appris à faire le *chineur*, ce dernier demande *six* semaines de leçon ; puis il réclamera l'honneur de s'aligner de nouveau avec son redoutable et heureux rival... Après quoi, vainqueur et vaincu (celui-ci, surtout), auront *toujours* le droit d'aller vite rapporter *à papa* le résultat de ces luttes... très peu homériques. »

— « A propos »... m'écriai-je, ne remarquant pas que je m'étais signé quelques lignes plus haut.

« A propos, comment se nomme votre *chineur* ? »

— « *Édouard Boulot.* »

— « Marche pour Édouard Boulot, » fis-je.

Et j'écrivis ce nom au bas du *post-scriptum* qu'on vient de lire.

Tout-à-coup, l'arbre Dubos, qui s'était redressé et lisait par dessus mon épaule, m'arracha prestement le papier des mains.

— « Ah ! ah ! » fit-il .. « C'est tout ce qu'il faut.

« Peut-être arriverons-nous, avec cela, à savoir quel vent inconnu souffle depuis trois ans dans les arbres de ce *Remuant* des *Solides* de la *Maison-Paternelle* de *Burdiga*.

« Quand on aura découvert la cause qui provoque ce démoralisant courant d'air, on parviendra, peut-être, à expliquer par quelle puissance occulte ou par quel phénomène les *Alis* d'autrefois sont les savants d'aujourd'hui ; les arbres producteurs des arbres stériles ; ceux vigilants et honnêtes des arbres paresseux frisant la tromperie, etc., etc.

« Ça fera aussi apprécier *les patrons d'aujourd'hui*.

« Les *Enfants* de *Burdiga* trouveront, peut-être, entre eux tous, la raison qui fait que dans cette partie de la *Maison-Paternelle* il règne une telle suspicion sur tous les arbres en général qu'on dirait que l'ombre va dérober le corps, et que les arbres les plus probes ne sont pas davantage à l'abri que les autres de cette atmosphère où la défiance est si forte et les soupçons tellement grands qu'on jurerait que les *Solides mêmes* vont être emportés sous les écorces des arbres.

« Pour arriver à croire que tout le monde vous trompe il faut : ou être bien trompeur soi-même, ce qui ne doit pas être ; ou avoir été beaucoup trompé, ce qui peut être ; ou enfin, être malade, ce qui doit être.

« Les *Enfants* de *Burdiga* se demanderont aussi pourquoi ils sont exclus, *chez eux*, de ce *Remuant* où les arbres étrangers viennent croître et étendre leurs racines en se prélassant ; tandis que ceux *burdigalais* ne reçoivent, très souvent, que des soins insignifiants ?

« Réellement il faut avoir grandement besoin d'air et d'eau ou craindre que ces deux choses essentielles manquent complètement ailleurs pour végéter sur un sol labouré par une éternelle méfiance et une constante aversion !...

« Et, comme les murmures adressés au *Conseil des Pères* sont interceptés ou mal interprétés, parce qu'*il est défendu aux arbres de se plaindre dans la Maison-Paternelle*, les *Burdigalais* sauront à quoi s'en tenir au sujet de leur fils et frère le *chineur*... N'importe quoi qu'il lui arrive, ils seront fixés sur son compte et, avec mon appui, Dieu aidant, nous lui ferons écrire des *Histoires* SI VRAIES *et* SI CURIEUSES que tous les arbres lui accorderont une part de leur ombrage... pour les entendre raconter par lui-même ou pour lui en faciliter la confection... »

C'était ainsi que, tout en relisant ma lettre, l'arbre Dubos parlait...

Cela me parut assez singulier d'abord ; mais en réfléchissant que j'avais entendu dire près de moi qu'on pouvait calculer, dessiner et écrire en chantant, en faisant des tours d'adresse et en jouant à la balle avec des portefeuilles ou carnets, ma surprise s'évanouit promptement.

Lorsque les réflexions *parlées* et la lecture *muette* de l'arbre furent terminées, il éleva la voix :

— « Par ma foi, c'est touché ! Comme ce sera joli affiché contre toutes les murailles de *Burdiga* !

« Le pauvre *chineur* sera satisfait, je vous le promets... Il le sera d'autant plus qu'en voyant votre signature, il... »

— « Comment, » dis-je, tout étonné, « j'ai signé? »

— « Oui. »

— « Eh bien ! c'est par erreur. Je veux biffer ma signature.

« Rendez-moi mon... *papier*, s'il vous plaît
« Voulez-vous me le rendre ! »

— « Mais *non*... *non*... *non*...

« Je l'ai, je le garde. Ce sera un visible souvenir de vous. »

Ayant dit, Dubos plaça mon écrit sous son écorce.

La crainte de me voir serrer trop fortement les doigts dans cet étau de la nature m'empêcha de chercher à le ravoir.

Puis la réflexion me venant que ma pauvre et inconnue signature n'appuyait *que des vérités* (je l'ai dit : j'avais et j'ai toujours foi en Dubos), je me pris à sourire de ma contrariété passagère, d'autant mieux que je pensais bien n'avoir apposé qu'une vieille signature, aussi reniable qu'une vieille dette.

— « Croyez que je suis fâché de la petite malice que vous me faites et buvez un verre d'eau, ce sera la même chose, » dis-je à l'arbre, qui semblait pencher du côté où il voulait s'en retourner. »

— « Ah ! mon Dieu ! » fit-il, « et ma flûte? »

Elle était tombée à terre par suite de la rapidité du mouvement qu'il avait fait pour cacher mon écrit.

Je la vis à mes pieds et la ramassai, encore, moi-même.

Avant de la remettre à l'arbre une idée me prit de la porter à la bouche comme pour m'en servir.

Venant de parler d'eau et m'apercevant que j'avais besoin d'air, je me mis à souffler dans l'instrument, moi ne sachant pas jouer de la flûte, l'air de l'*Éloge de l'eau,* dont les couplets se terminent ainsi :

C'est l'eau qui nous fait boire } *bis.*
Du vin, du vin, du vin. }

O prodigieuse et audacieuse mystification !... ô fatale conspiration contre ma volonté !...

L'instrument sembla se coller à ma bouche.

Je voulus m'arrêter d'y souffler dedans, mais je ne le pus et mes doigts inhabiles se levèrent et s'abaissèrent, avec l'adresse et la facilité de ceux d'un *Rémusat*, sur les notes nécessaires à former cet air assez ancien, je présume.

Seulement, et c'était ce qui motivait mon dépit toujours croissant, les notes se transformaient en mots et *la flûte enchantée* mit à entonner, d'une voix de fort premier ténor, le premier couplet d'une chanson faite le 21 septembre 1868, à l'occasion de la *pendaison* de la crémaillère du restaurant *Joly*, rue de Gourgues, 24... que je vous recommande en qualité de voisin... vous savez que je reste rue Sainte-Catherine, 161.

Pendre une crémaillère!... C'était la deuxième fois que ça m'arrivait.

Et pour répondre à l'inattendue invitation qui me fut faite, je crus devoir composer une chanson, que je vendrai 50 centimes ou 75 par la poste, avec ma photographie... si quelqu'un veut la copie d'un original...

Je vais te donner, mon bon vieil ami lecteur, le premier couplet de cette chanson, et tu verras, en effet, combien je devais être ennuyé d'entendre tous les échos de la Place d'Armes chanter avec la flûte sur l'air en question :

« Pour commencer le feu
« Vous voulez que je chante.
« Bravant l'humeur méchante
« Rions de tout... un peu.
» Que le tonnerre gronde
« Sur gens sages ou fous,
« Qu'on me siffle à la ronde, } bis.
« *J'men...* (*ter*) }

Par bonheur qu'à la dernière note l'instrument parut s'enrhumer et ne rendit qu'un souffle... mais ce souffle fut si puissant qu'il alla éteindre une nouvelle bougie dont l'arbre Dubos allait se servir pour allumer un nouveau *londrès*... me dit-il.

A l'odeur, j'avais aisément deviné un *londrès* fait avec des plantes aromatiques... on sentait particulièrement le parfum de la sauge...

Pauvre arbre! pensais-je à part moi, la peur de la pthisie terrestre qui t'enleva d'ici-bas, te poursuit encore jusque dans Nazar où, pourtant, tu l'as dit, tu jouis d'un éternel printemps!

— « Avant de nous séparer, dit Dubos, donnez-moi donc des nouvelles du criard, mais honnête *M. D...* l'*Évoluard-voyer* ?

— « Il a sa retraite, » répondis-je.

— « Ah! ah!... il est vrai qu'il y avait longtemps, en effet, qu'il était dans la *Maison-Paternelle*.

« Et qui le remplace, maintenant? »

— « Deux *Regardeurs* et un *Sous-Regardeur*.

— « Je comprends... je comprends... la grande étendue de la ville et la masse de travaux qui se font rendraient le service impossible à remplir par un seul homme, tandis qu'à trois on ne se brise pas de fatigue et le travail n'en est que mieux fait... je comprends... je comprends... puis, les traitements n'étant jamais trop élevés, on essaie de travailler un peu chez soi, pour les autres.

« Si on est subtil ou *qu'on ait le droit de* TOUT *faire*, MÊME AU GRAND JOUR, on entreprend, à part, de la besogne pour la *Maison-Paternelle elle-même*. Ce qui fait qu'elle vous donne, très-souvent sans s'en douter, de l'argent des deux mains... Ça ne peut que faire rire le porte-monnaie.

« Et *M. R*... et *M. L*... de l'*Assise* des travaux publics, — comment vont-ils?...

— « Le premier est à la retraite aussi et... »

— « Quoi? *M. R*... est à la retraite déjà!... mais il ne doit... »

— « Il a été forcé de la prendre... il perd la vue!... »

— « Oh! le pauvre garçon, tant pis!!... Il est des êtres pour lesquels la destinée est une bien cruelle marâtre! franchement... et ce pauvre *M. R*... doit être bien affligé... Il avait, celui-là aussi, assez souvent, le caractère de travers; mais il était tellement laborieux et savait, si bien, de son coin, apprécier les travailleurs et ceux qui ne l'étaient pas, qu'il y avait plaisir à l'écouter faire la biographie de certains hommes...

« Et *M. L*... »

— « Il a une bien jolie place dans les poids-et-mesures. »

— « Et, à coup sûr, elle ne doit pas être bien épineuse à remplir... car j'ai un de mes amis, arbre modeste de *Nazar*, qui occupe à *Burdiga* un poste dans un *Remuant* analogue et je vous jure qu'il ne s'y rompt nul rameau et qu'il ne s'y casse point la cime...

« Et les autres de la même *Assise?*

— « Ils sont tous changés. Ils sont huit ou dix où ils n'étaient que trois ou quatre et vous n'en connaissez aucun.

« Les autres divisions, aussi, ont vu s'augmenter leur personnel à cause du travail toujours progressant. »

— « Cela se conçoit de reste.

« Et vous, et vous, mon vieux, vous êtes toujours mon successeur et vous n'avez pas encore acquis vos droits à la retraite; mais connais-je ceux qui *chinent* avec vous? »

— « Oh non!... *Dada* a quitté le service mais pas l'administration. Il a un poste de garçon de bureau, poste dans lequel il s'occupe, sans se frapper, de son premier état, ce qui lui permet de passer sa vie on ne peut plus paisiblement... Il est marié, n'a pas d'enfants et vieillit chaque jour, comme les amis; mais son caractère est toujours le même.

« Quant au vieux père *T*... il est, ainsi que sa femme, aux *Petites Sœurs des Pauvres*.

« Ceux qui les remplacent auprès de moi sont fréquemment changés; et vous n'en connaissez aucun, mon cher arbre. »

— « Je suis satisfait de vos renseignements.

« Je suis content que le simple mais brave *Charles D*... ait un poste lui convenant... et qu'il soit en ménage. Son amour maternel était un garant d'amour conjugal. Sa femme, quelle qu'elle soit, a dû le comprendre et, peut-être, le prendre à cause de cela.

« Je ne suis pas surpris d'apprendre que le pauvre *T*... et sa femme soient à l'hospice... C'est à peu près, plus que jamais aujourd'hui, la retraite des travailleurs qui, par le renchérissement de tout, ne peuvent, quels que soient la modestie de leurs goûts et leur amour de l'économie, qu'ajuster les deux bouts... et, cela, tant qu'ils ont la force de travailler... après quoi tout leur manquerait s'ils n'avaient l'assistance publique... respectons-la... faisons en sorte, *surtout*, de trouver les moyens de la rendre respectable et honorable.

« Mais tout cela n'est pas ce que je voulais vous demander et ce que je voulais savoir... J'y arrive tout droit.

« Quels sont, ou tout au moins quel est celui qui vous est adjoint pour *chiner*? »

— « Personne. »

— « Vous dites : *Personne?...* J'ai connu ce nom, jadis, mais... »

— « Mais... ce que vous dites est vrai; mais ne s'accorde pas avec ce que j'ai voulu dire.

« Je suis tout seul pour mesurer les trottoirs et les premiers pavages de la ville de Bordeaux... »

— « Ce n'est pas possible!... »

— « C'est pourtant vrai... et l'on me dit que... »

— « Ce n'est pas possible !

« Il vous faut dire cela à des *Alis* ne connaissant ni ce genre de travail, ni Bordeaux; mais, à moi!... c'est autre chose... Sans être jamais allé à aucune école du gouvernement, j'ai trop l'habitude du labeur pour avaler une semblable dragée... On m'avait bien donné le brave *Léopold P...* dans les dernières années de ma vie, pour m'aider à mesurer... et nous étions arrivés à nous entendre parfaitement... Or donc, Bordeaux était *loin d'être*, à cette époque, *ce qu'il est aujourd'hui*.

« Mais alors que fait donc le... »

A ce moment l'arbre Dubos, ayant la tête tournée du côté du cimetière de la Chartreuse, arrêta court sa conversation.

Il éleva un de ses rameaux-bras à la hauteur de son sommet et parut regarder dans le lointain... Il demeura dans cette attitude de vedette pendant quelques secondes, puis il se retourna vers moi et, se penchant de mon côté, il murmura tout bas à mon oreille :

— « J'ai vu un certain mouvement du côté du *Grand-Lit* dont, plus tard, je vous entretiendrai.... Je tiens à savoir ce qui se passe là-bas... et si *le trésor* est, enfin, trouvé.

« Je m'en vais.

« Merci de ce que vous avez fait pour moi...

« Grâces à vous, on saura avant peu dans tout Nazar (encore troublée des innombrables malheurs qui ont fondu sur elle), si l'on doit, sous quelque prétexte que ce soit et par la seule puissance des *tuteurs* ou protecteurs, placer, au premier rang, des arbres étrangers et propres à tenir de la place seulement; et si c'est pour honorer et relever les arbres ébranlés par les coups de vent de l'adversité qu'on emploie les mesures les plus efficaces pour les faire s'étioler, languir et crever!!!...

L'un des meilleurs moyens de relever un pays dégradé par l'avilissement du despotisme, ne doit pas être, m'est avis, de continuer à habituer les arbres producteurs ou les hommes intelligents à s'incliner sous le bête joug de l'incapacité orgueilleuse.

« Lorsqu'à l'ignorance, qui, par ses protections, *se sent et se sait libre de tout faire impunément*, vient se joindre le contraire de la bonne foi, le joug qu'elle fait peser sur ceux qui l'offusquent est mélangé de dégoût et de dégradation...

« Adieu... *vieux tamis*!... à revoir... »

— « Adieu, Dubos, adieu, mon brave arbre; à revoir. »

Et l'arbre partit ayant, cette fois-ci, parfaitement allumé son *londrès*... de 12 sous les deux douzaines...

La pensée me vint que, malgré son éternelle jeunesse, il pouvait bien radoter un peu... mais je chassai bien vite de mon cerveau cette pensée médisante et calomniatrice...

....

J'étais fatigué de corps et d'esprit... et cela n'était pas du tout surprenant.

Je m'assis, le dos appuyé à une des colonnes de l'hôpital, et, presque instantanément, je m'endormis.

Je rêvai que je voyais *Mme Saqui* se balancer sur son fil de fer.

Le fil de fer disparut et l'acrobate avec lui.

La scène changea.

Je me trouvai sur les bords et auprès des chûtes (très dégradées aujourd'hui, si ma mémoire ne me fait pas défaut), du Niagara.

Je vis *Blondin*, *le vrai Blondin*, traverser le périlleux passage, à trois cents mètres de hauteur, sur une corde de violon.

Blondin, le vrai Blondin, avait à sa ceinture une perche monstre formant trapèze... et les *frères Pescioli*, aux exercices desquels se joignaient les équilibristes et intrépides sauteurs *Auriol* et *Mazurier*, faisaient des tours et gestes abracadabrants sur cet aérien trapèze-perchoir...

La scène changea encore.

Je rêvai que j'étais enlevé par la queue d'un cerf-volant et que j'étais doucement posé sur l'une des colonnes rostrales de la place des Quinconces, côté des Chartrons.

De cet observatoire, je vis la chaîne d'une ancre de navire partir du sommet de l'autre colonne, passer sur la flèche Saint-Michel, effleurer celles de notre cathédrale et aller aboutir au clocher (sans flèche) de Macau.

Puis je vis Mlle *Nina,* (la colosse Hollandaise), cherchant, avec succès, à rivaliser *Blondin* et partant de la seconde colonne rostrale dont il vient d'être parlé pour aller, sur la chaîne raide, à Macau.

Mlle *Nina*, bien qu'ayant le poids d'un éléphant de taille moyenne, faisait gracieusement sa promenade sur son chemin étroit, très peu lisse, et pas mal glissant.

Elle se tricotait des bas de soie pouvant servir de bonnet de nuit à l'épicier du coin. . Celui qui a une si forte tête; vous savez ?

Mais (remarquez donc comme en rêve tout est singulier), Mlle *Nina* avait la tête dans un sac et des paniers d'osier attachés à chaque jambe en guise de bottines... elle tricotait toujours... elle allait à Macau, à Labarde et à Arsac faire visite à de vieilles connaissances à moi.

Tout-à-coup (toujours en dormant, oh ! ami lecteur, ne va pas confondre), tout-à-coup, la colonne rostrale sur laquelle j'étais se renversa brusquement, se transforma en flèche qui, sans me blesser, me traversa de part en part, partit comme un vrai trait... *qu'elle était* et me porta sur l'un des boulevards ou *progressifs* (comme on dit là-bas), de la planète Nazar.

Déposé là, je vis ma flèche-véhicule se précipiter si imprudemment et si violemment vers la terre pour y reprendre, à Bordeaux, et sa place et sa forme primitive, que j'ai eu (je le déclare), une crainte mortelle de trouver, en rentrant dans ma ville natale, l'une des colonnes rostrales ayant ses fondations en l'air...

Il n'en a rien été, Dieu merci, puisque je rêvais !

Et, qu'en rêvant, j'étais dans *Burdiga !*...

Du point culminant où je me trouvais, j'embrassais toute l'étendue du terrain occupé par cette laborieuse et noble cité ou *comblée* (en langage nazardin).

Quelle belle ville!... et comme je comprends que son malheureux *chineur* soit fier d'elle!...

« Par ma foi, si je n'étais de Bordeaux je voudrais être de *Burdiga*... » me disais-je... en dormant. Entendons-nous bien.

Tandis que j'étais en contemplation du magnifique panorama qui se déroulait sous mes yeux, j'entendis, à quelque distance de moi, mais par derrière, un bruit insolite.

Je me retournai et je vis un arbre vivant tenant d'une de ses branches un *double-mètre* et de l'autre un chapeau garni de feuillage formant rebords.

Cet arbre était très rouge de figure et très blanc de filaments chevelus.

Je crus presque me reconnaître; mais, en bien examinant, je vis que ce n'était pas moi.

C'était le *chineur* de *Burdiga!*

Il allait mesurer les *changeants* qui venaient d'être déclarés *obligés*, c'est-à-dire d'*utilité publique*, sur la route ou *longue* de *Nazar* à la *Lune*.

Cette *longue* partait justement de la *comblée* de *Burdiga* qui, naturellement, en était très fière.

Le pauvre *chineur*, aussi, était bien content de cela; mais sa joie se trouvait diablement tempérée par le surcroit de besogne que ça allait lui donner...

Il est équitable de dire pour la plus grande gloire et le plus grand profit de *Burdiga*, que son imposant *Évoluard* poussait *toujours* et *simultanément* à l'exécution de beaucoup d'autres *changeants obligés*... ainsi que des *premiers solides* et que le *chineur*, inhabile autant qu'inexpérimenté, était *toujours tout seul*...

Aussi, cet arbre insalubre avait ses deux grosses racines inférieures complètement déchaussées, mais plongées dans d'immenses bains de pieds solidement attachés à son tronc.

C'était le bruit de ces bains de pieds heurtant les *Solides* de toute nature et les granits des *changeants* qui m'avait fait retourner.

Qui le croirait?... Malgré cette ingénieuse et salutaire précaution due à la munificence des arbres embellissant la *Maison-Paternelle*, munificence provoquée par un charitable et peu dispendieux secouement des branches de l'*Évoluard*, le *chineur* était toujours remonté en couleurs .. et, plus que jamais, il avait la sève portée à la tête.

En dehors de ce fait assez contrariant, il y avait un avantage réel pour le *chineur* : c'est qu'à une distance de deux ou trois kilomètres, et les yeux fermés, on pouvait se figurer qu'il avait de larges bottes à revers... Ce qui ne pouvait qu'être très flatteur pour un si orgueilleux *végéteur*.

En qualité de confrère nous allions entamer la conversation, lorsque le *chineur* se tournant du côté de la Lune, où aboutissait en ligne droite la *longue* (route) sur laquelle nous nous trouvions, leva un de ses rameaux supérieurs et d'un index sans feuillage m'indiqua le terme de sa course!!...

Cette voie de l'espace, ce long et double ruban de trottoirs à mesurer me fit passer le froid dans le dos... je crus, moi aussi, voir un **i** immense sur lequel, comme un point, paraissait se poser la Lune...

Mais voilà qu'en bien regardant je vis un trou se faire dans cette planète bonasse; puis ce trou devint une vraie porte, dans l'entrebaillement de laquelle parut se glisser une tête dont les yeux semblaient s'ouvrir pour toujours chercher quelque chose.

— « C'est mon *Évoluard*, » me dit tout bas le *chineur*.

« Il s'est placé là pour voir si je m'arrête, si je parle... si... si... si... »

Je n'entendais pas ce que me disait le *chineur*, occupé que j'étais à regarder, dans le vide que me laissait apercevoir la porte entr'ouverte, ce qui se passait autour et derrière l'*Évoluard*... et je vous prie de croire que je vis bien des choses, allez... Je vous le dirai dans quelque temps... *Je vous le promets*.

Mais l'*Évoluard ne pouvait* ni *ne voulait* voir ces choses, puisqu'il n'avait d'yeux que pour le *chineur*... Heureuse et fructueuse préférence!!...

....

Au moment le plus intéressant de mon observation, je me sentis fortement secoué par les épaules (c'est toujours à l'instant le plus agréable que la corde casse ! ...dit-on.)

J'ouvris les yeux.

J'avais devant moi un beau garçon d'une vingtaine d'années tout au plus, se rendant à pied à Gradignan, pour travailler, me dit-il.

Il avait des outils de charpentier sur l'épaule gauche et, sous le même bras, un coin de pain bis assez fort pour retenir sur le versant le plus rapide de nos riants côteaux, une pipe de 3/6. Par exemple, à voir les brèches faites sur ce respectable croûton ; à remarquer, dans la main droite de l'ouvrier, la belle bouchée attendant son expédition gastronomique, je compris qu'avant d'arriver à Gradignan le coin serait rudement aminci.

— « Êtes-vous malade, Monsieur? » me dit celui qui venait de m'éveiller.

— « Non, mon ami.

« Je m'étais endormi ici, ne pouvant, à cause de la chaleur, le faire dans mon lit. »

— « Je suis comme vous, Monsieur... je ne puis dormir... et, bien que Gradignan soit assez loin d'ici, je pense y arriver d'assez bonne heure pour avoir le temps de déjeûner avec les *coteries*. »

— « Je comprends parfaitement cela. . mais il me semble que là-bas vous trouverez du pain. »

— « Certes, oui, monsieur.

« Pourquoi me dites-vous cela? »

— « Tout simplement parce que, chargé d'outils comme vous l'êtes, il faut que vous soyez bien bon pour vous charger encore de la moitié d'un pain. »

— « Oh ! qu'est-ce que c'est que ça, Monsieur? il n'en restera plus rien à la croix de Saint-Genès.

« C'est juste ce qu'il faut pour tuer le ver... Deux sous de vin blanc ou un petit verre de fil-en-quatre et on n'y pensera plus...

« Bonjour, Monsieur... au revoir. »

— « Au revoir, mon ami, au revoir... bonjour. »

Je rentrai chez moi tout doucement, ayant réfléchi longuement à ce ver solitaire qu'on appelle la jeunesse, visible et gracieux *ténia* qui fait, parfois, digérer dans une journée ce qu'on ne consomme pas, plus tard, dans une semaine...

Dieu de Dieu ! que c'est donc joli à vingt ans cette maladie du ver qu'on veut tuer !... et qui, phénix saluant toujours le lever de l'aurore, renaît sans cesse au milieu des aliments qui devraient l'étouffer !

Et dire que j'ai eu si longtemps cette maladie : l'appétit !... et dire que parfois, encore... Mais n'ajoutons pas un mot de plus... on rêverait de Pantagruel, de Gargantua... de Monselet, notre très spirituel et bon mangeur compatriote... et on croirait que...

Cinq heures du matin sonnent... adieu, ami lecteur; à la nuit prochaine... Si nous y sommes et si nous nous trouvons satisfaits d'être ensemble... nous reviendrons à la Patrie que je ne perds nullement de vue en dépit de mes escapades autrement sérieuses que celles que je blâmais chez *Les Fillettes émancipées*.

V

UN TRIO D'OMBRE

Mère, quand comme vous on fournit sa carrière,
On s'en va sans jeter un coup-d'œil en arrière,
En ce temps où, pour tous, la douleur vient s'offrir,
À ceux qui restent à souffrir !

(Épitaphe de ma mère, morte à 84 ans 1/2,
le 27 avril 1871.)

H. Nadaud.

Ma foi, mon très patient lecteur, tu dois commencer à te lasser un peu de m'attendre. Cette nuit prochaine, promise à la page précédant celle-ci, a été un peu tardive à arriver... j'en conviens.

Que veux-tu, mon vieil ami ! car à présent nous nous connaissons comme la main et la poche ; que veux-tu ! il te faut me pardonner et, en me tendant ta fraternelle main, essayer de puiser, dans la poche de mon imagination ou dans ces lignes qui en sortent, des raisons assez plausibles pour te faire passer ta mauvaise humeur contre moi...

Et je vois que je m'y prends bien pour te ramener à moi.

Tu m'attends, ou, dans tous les cas, tu crois me trouver à mon observatoire accoutumé, et je suis sur la place du Repos, au bout de la rue d'Ornano, tout près du boulevard ! ! !

Je vais te dire toutes les choses qui m'ont fait manquer le rendez-vous que je t'avais donné et les réflexions qui ont conduit mes pas en ce lieu solitaire, d'où, à la lueur des éclairs (*nuit du 2 au 3 octobre* 1872), je puis voir les cyprès, platanes et tombeaux de notre unique cimetière catholique.

Depuis le matin du ver solitaire (tu souris, brave lecteur; donc tu as compris), j'ai été très dérangé d'une espèce de coup-d'air que j'avais dans la tête... ce qui n'était pas un vif stimulant pour m'entretenir avec toi.

Ensuite, mon brave imprimeur a marié une de ses petites-filles et j'ai voulu à l'insu de tout le monde de cette noce, où je n'étais pas n'ayant ni titre ni droit à cela, j'ai voulu faire une chanson de circonstance.

Ma chanson a été faite. Je me suis mis en nage pour la faire parvenir avant que les gens de la noce se mettent à table. Je suis arrivé à temps. Mes couplets ont été remis à mon imprimeur, lequel pensant que c'était le manuscrit de la présente fin d'ouvrage les a mis dans sa poche sans regarder la suscription explicative de la chose... et ce n'est que bien des heures après la fête qu'il a vu ce dont il s'agissait...

Mes couplets ont été inutiles; j'allais les écrire, ici, mon cher ami, mais ce sera pour une autre fois... *si tu es sage*. Pour aujourd'hui, il faut te contenter de savoir qu'ils sont sur l'air de la *Lisette de Béranger* et qu'ils ont pour titre :

DEUX CŒURS POUR UNE VIE !

Franchement, je croyais faire quelque chose de bien et qui eût été agréable à une famille que j'ai appris à connaître et à estimer... et il a fallu... Mais, c'est fait pour moi... On ne saurait dire la chance que j'ai à Bordeaux depuis que je suis entré dans l'ingénieux *Remuant* des *Évoluards*, comme *on dit* dans la planète Nazar !...

Vendredi dernier, j'ai eu, toute l'après-midi et une partie de la nuit, la plus terrible migraine de ma vie. Depuis, j'ai fait quelque chose pour un concours dont la décision doit être connue le mois prochain... et si ma chance pouvait continuer à tourner en dehors de ma ville natale, je serais flatté de pouvoir te présenter, ainsi qu'à tous mes autres amis lecteurs, une nouvelle pièce de poésie.

Cette nuit je suis venu sur la place du Repos pour m'y délasser en songeant aux naïfs et bénévoles gens qui persistent, après un entr'acte de 24 ans, à recommencer et à continuer des fouilles pour découvrir le fameux trésor des Chartreux :

VINGT-HUIT MILLIONS !

Ce n'est pas de la petite bière ça... Qu'en dites-vous, Monsieur, Madame et Mademoiselle ?

Et je comprends qu'en suivant une ordonnance ainsi conçue et composée, et *très souvent renouvelée :*

	Parties	
	500	d'excellent numéraire :
	86	de spiritisme :
	58 1/2	de cartomanie ;
	149	de somnambulisme ;
	93	de bonhomie ; (*chiffre fatal !*)
	100 1/2	de patience ;
et, enfin,	13	d'éclairs de bon sens ; (*chiffre malheureux !*)

en tout 1000 parties, je comprends qu'on puisse se faire une marotte et en caresser la toquade... Qui n'a pas la sienne ?... et combien y en a-t-il qui n'ont pas cette perspective miroitante : *vingt-huit millions ?*. .

....

Tiens ! mais ce ne sont pas les chercheurs de trésors qui viennent d'ouvrir cette porte que, pour la plus grande commodité des visiteurs du cimetière, j'ai constamment vu fermée ?

Ils sont trois !... et maintenant qu'en se rapprochant de moi, ils s'éloignent de la porte, je la vois comme je l'ai toujours vue. ... elle n'a donc pas été ouverte !

Comment et par où sont donc sorties du cimetière ces trois personnes ressemblant à des ombres ?.... Elles paraissent se donner le bras ; mais, à mesure qu'elles s'avancent, je vois que celle du milieu est toute courbée et que les deux autres la soutiennent de chaque côté.

Après l'apparition *burdigaise*, je n'ai plus peur de rien. La surprise, le saisissement même, n'est pas la peur; or, je ne suis pas saisi, je suis surpris et je voudrais bien savoir quels sont...?

Un long et brillant éclair, que d'autres nouveaux et fréquents semblèrent entretenir durant quelques secondes, arrêta ma question et y répondit.

J'avais reconnu deux des ombres qui s'avançaient!!...

....

Sans voir où je posais les pieds, retrouvant mon agilité de 20 ans, je franchis d'un bond la distance qui me séparait de ces sombres visiteurs... et, arrivé auprès d'eux, je tombai à genoux, en m'écriant du plus profond de mon cœur :

— « Ma mère!... ma mère!... oh! ma mère!...

« Merci, mille fois merci, ma mère chérie, d'être venue me voir en ce moment-ci!

« Vous savez comment je suis, ce que je fais, ce que... »

— « Je sais tout, mon fils, et nous venons te dire que tu mérites nos éloges à l'occasion de ce que tu as fait pour le pauvre *chineur* de Nazar...

« Ton prédécesseur Dubos nous a apporté une affiche de *Burdiga*, en venant écouter les murmures de nos platanes ébranchés, ressemblant beaucoup plus, maintenant, à des squelettes qu'à des arbres.

« Je reviens à l'affiche de *Burdiga*... elle est plus qu'explicite. Elle est *touchante*.

« Lorsqu'on a épuisé tous les moyens honnêtes pour éclairer une situation intolérable, et qu'on se voit sans cesse dédaigné et refoulé, on n'a plus rien à ménager.

« A la lâcheté du supérieur bafouant un subordonné (parce qu'il sait qu'il ne peut se défendre), l'écrasant sous un travail impossible et plaçant au-dessus de lui un être incapable, maladroit, nouveau dans l'administration et novice dans le service ;

« Aux insignes mensonges qui peuvent être faits;

« A tout le mal, enfin, que la haine farouche peut chercher à accomplir ;

« A l'ostentation ignoble de l'incapable qui, signant ce qu'un autre a fait, se pavane, se gonfle et se pose comme l'auteur de ce travail : il suffit d'opposer *publiquement* une chose, SI ON EN A LE COURAGE.

« Cette chose, très simple, est : LA VÉRITÉ.

« Tu l'as fait pour un autre, n'est-ce pas?... eh bien! il faudra le faire pour toi... m'entends-tu, mon fils? »

— « Oui, ma mère... mais, auparavant, bénissez-moi, puis laissez-moi me relever et vous embrasser... Oh! je ne crains pas le froid contact de vos joues ni de vos lèvres de marbre, allez, ma mère!... J'ai encore sur ma bouche et dans mon cœur l'impression des longs baisers que je vous donnai avant qu'on ne refermât pour toujours le cercueil sur vous...

« Mais j'ai aussi dans mon âme tout le parfum des caresses maternelles que vous m'avez prodiguées durant votre vie.

« Je ne me souviens des rudes corrections qu'à tort, parfois, vous m'avez infligées, que pour vous remercier d'avoir, en tous temps, été pour moi ce que vous avez été : vos intentions justifiaient vos actions...

« Oh! ma mère!... suis-je heureux de vous revoir!... »

Je sentis comme deux gouttes de feu couler sur ma tête. Ces gouttes glissèrent sur mes joues et, pénétrant dans ma poitrine, vinrent s'arrêter dans mon cœur qu'elles incendièrent d'amour pour tous...

C'étaient deux larmes brûlantes qui s'étaient échappées des yeux glacés de ma pauvre mère!!... Je m'écriai tout haut :

— « Saint et puissant amour maternel!... Toi qui produis des miracles au-delà du tombeau, rends l'amour filial aussi immense que toi et fais que tous les enfants soient prêts à mourir pour*leurs mères!*

« Fais que pour notre France, cette mère chérie, nous nous sentions tous disposés à accomplir les plus grands sacrifices sans craindre la mort... Fais que tous les enfants de cette noble Patrie sentent que l'avenir est à eux comme tout est à Dieu...

Fais que cette connaissance les pousse à s'avancer dans la voie du progrès qui est celle de la justice!...

« Saint et puissant amour maternel, je te bénis et te chante parce que c'est ta grandeur qui m'a fait comprendre l'amour filial et celui de la Patrie!... Rends-nous bons, humains et sages comme tu l'es dans tes épanchements généreux, dans tes réticences prévoyantes; et nous serons tous frères et tous dignes d'être les fils de la même mère!... »

. . . .

J'avais reçu pour la deuxième fois la bénédiction maternelle.

J'embrassai ma mère... elle me rendit mes baisers avec *intérêts*... nous nous tenions étroitement embrassés et nous sentions le religieux silence des muets témoins de cette scène, témoins parmi lesquels un était, déjà je crois l'avoir dit, de ma connaissance.

Se dégageant lentement d'une étreinte que je rendais douce pour ne pas blesser cette ombre chérie, toujours vivante dans mon cœur, ma mère me dit d'un ton de reproche que démentait son regard traversant mon âme :

— « Tu ne viens que bien rarement me voir, mon ami.

« Oublierais-tu ta mère?... ton *pauvre vieux*, comme tu m'appelais à mon lit de mort?... »

— « Oh! non... Jamais!... jamais!...

« Que mon travail me fasse recueillir quelque argent et vous verrez si je ne chercherai pas à réunir les dépouilles de tous ceux que j'aime!... mais d'ici-là, si je dois avoir ce bonheur, que de choses, encore, j'ai à faire!

« Ah!... si ce qu'avait rêvé pour moi un Directeur des travaux de la Ville, parti depuis plusieurs années, s'était réalisé, je serais beaucoup plus souvent avec vous, mère, et cela ne m'empêcherait nullement de travailler... mais... »

— « Quoi?... que dis-tu?... Je ne saisis rien de ton langage.

« J'aurai pu, autrefois, peut-être, te comprendre; mais quand on devient vieux on perd la mémoire... que veux-tu dire, mon ami?... »

— « Je veux dire que le 21 janvier 1868, lorsque mourut l'avant-dernier Sous-Inspecteur du cimetière, je fus avisé de cela par un Conducteur, employé préféré et digne de l'être, du Directeur des travaux de la Ville.

« Ce brave garçon, aujourd'hui mort, sachant mes démarches faites pour changer de service et mon penchant *expliqué* pour certains emplois, m'engagea à demander le poste vacant, m'assurant l'appui formel du chef de service. (1)

« Sur cette assurance, je me mis à faire des démarches.

« La généreuse *Mme Pétersen*, cette protectrice de notre famille, morte le 29 mai 1869, s'intéressa pour moi auprès de l'honorable et défunt *M. de Bethmann*, alors Maire, et qui, lui aussi (ayant estimé mes parents et vous le prouvant, encore, à l'époque), pouvait mieux qu'un autre s'occuper de moi.

Ce digne magistrat, auquel je fis quelques visites chez lui-même, me dit, à la dernière, que nous étions deux postulants sérieux ; mais *que je pouvais et devais espérer*.

« Sorties de la bouche d'un Maire, qui n'eût pris ces paroles *pour une promesse???*

« L'Adjoint de la police administrative, en sachant ce que je faisais, ce qu'on faisait pour moi et lisant la lettre *spéciale* écrite à ce sujet par le Directeur des Travaux de la Ville lui-même, paraissait avoir l'air de me considérer, d'ores et déjà comme l'un des employés de son service .. et, moi je le regardais comme l'Adjoint duquel j'allais dépendre.

« Mais j'avais compté sans l'*impartialité* bizarre dont j'ai été et suis *toujours* l'objet...

« Un autre fut mis au poste désiré depuis longtemps pour des causes sérieuses!!!...

(1) Il m'a été *soufflé* que cet appui promis était un leurre préparé à ma bonne foi, mais j'atteste n'avoir qu'une médiocre confiance en cette insinuation.

J'ai été victime de bien des iniquités, mais je ne puis, ni ne veux croire à une telle bassesse de sentiments chez un homme regardé, par tout le monde, comme un type de loyauté.

« Il est vrai de dire que cet autre avait trois titres militant en sa faveur puisque, aujourd'hui, ce sont les jeunes qui, seuls, sont savants et sérieux :

« Il était beaucoup plus jeune que moi... et j'avais eu la *simplicité* de croire qu'à ce poste il fallait un homme d'un âge mûr ;

« Il était propriétaire aisé... et j'avais eu *la bonhomie* de me figurer que le local comporté par l'emploi me mettrait à même de faire quelques économies ;

« Il était beaucoup, beaucoup plus nouveau que moi dans l'administration... et j'avais eu *la bêtise* de croire qu'on tiendrait compte des 20 années que j'y avais passées et de la somme considérable de travail que j'y avais fait!!!...

« *Errare humanum est!*

« Mea culpa!... mea culpa!... mea maxima culpa!!!

« On ne me prendra plus à cet A B C dont je prierai qui que ce soit de me donner l'interprétation juste.

« Ainsi, vous voyez, ma pauvre mère, que ce n'est pas ma faute si je ne suis pas plus souvent près de vous; ce n'est même point celle du digne *M. de Bethmann*, devant Dieu repose son âme!

« Les *Signeurs* signent, comme disait l'arbre Dubos, etc. »

— « C'est vrai, mon fils, c'est vrai...

« Je te comprends... Je te pardonne... Mais viens me trouver *dès que tu auras rempli ta tâche.* »

— « Oui, ma mère bien-aimée, oui. »

Me retournant, alors, vers une ombre qui, revêtue d'une longue robe noire, soutenait ma mère du côté droit, je lui tendis la main :

— « Pardon, *cher Frère Chrisophore,* pardon de ne vous avoir encore rien dit, bien que vous ayant reconnu au premier abord.

« Mais ma pauvre mère avant tout... »

— « C'est plus que juste, *mon petit fillotot,* c'est plus que juste.

« Les deux amours qui remplissent ton âme se sont si expansivement exhalés de ton cœur que je ne me sens pas le courage, après la scène dont nous venons d'être témoins, de te faire les justes reproches que je devais t'adresser. »

— « Merci, merci, bon frère... » interrompit l'ombre aimée de celle qui me donna le jour...

J'écoutais ne soufflant mot.

Le brave *Ignorantin* qui avait le plus longtemps été mon professeur et qui m'avait fait effleurer un peu de tout, on le voit, reprit la parole en ces termes :

— « Je n'ai point oublié, *Fillotot*, ta faiblesse physique d'autrefois, faiblesse qui, jointe à la petitesse de ta taille, te rendait intéressant pour ceux mêmes qui te jalousaient ; mais qui appréciaient la générosité de ton cœur parce que tu partageais avec eux tous tes repas... et tes leçons... que tu *soufflais* à ceux qui n'avaient pu apprendre les leurs.

« Je n'ai point oublié que, lorsque je voulais te punir pour quelques blâmables incartades, tes compagnons *criaient : Ch'frère,* pardonnez-le, pardonnez-le, *il est si petit !...* Braves écoliers, cœurs généreux ! Ils doivent, pour le plus grand nombre, ces dignes enfants du peuple, être aujourd'hui des hommes pleins de nobles sentiments !... Comme lorsque tu étais jeune, *Fillotot*, ils devront infailliblement, aujourd'hui que tu es grand, te soutenir, t'aider, te tendre la main pour te consolider sur la planche littéraire, pont intellectuel où tu oses, à ton âge, t'aventurer !... tous ceux qui m'ont aimé t'aimeront et t'aideront.

« Je n'ai point oublié les premiers prix qu'un an à l'avance tu me promettais de gagner, et je me souviens, comme si c'était d'hier, de l'émotion que j'éprouvai lorsque *M. Brun*, Maire de Bordeaux, te couronna dans l'ancien *Théâtre Molière* (aujourd'hui *chapelle Saint-Jacques*), qui est à l'entrée de la rue du Mirail.

« L'année auparavant, la grande distribution des prix avait eu lieu dans la vieille église *Saint-Nicolas*. Tu avais obtenu, aux Chartrons, les *premiers* prix de *grammaire* et d'*ortographe*. Au concours entre tous les premiers prix, tu obtins le *second ;* mais tu me juras, toi, bonhomme qui te serais perdu dans la botte d'un gendarme, tu me juras que *l'autre* année tu aurais ce premier prix partout.

« Bien jeune tu semblais tenir à prouver que ce n'est ni la

hauteur de la taille ni la grosseur du corps qui font la valeur de l'homme.

« Tu tins ta parole... et, bien que toujours très petit, puisque tu étais obligé de te hausser sur la pointe des pieds pour atteindre au tableau sur lequel il te fallait écrire sous la dictée, tu fus reconnu le plus capable... sur ces deux points.

« Tu t'emportas huit beaux volumes ce jour-là!... et lorsque tu regagnais ta place, derrière laquelle j'étais avec ta mère qui tremblait de contentement, je pleurais de joie... moi... et je t'entendis me dire, avec un orgueil autant légitime qu'excusable : — « *Eh bien! Ch'Frère! Je les tiens!...* » Je ne pus te répondre, j'étouffais... mes larmes m'empêchaient de te voir... et j'étais plus fier que toi.

« Tu vois, *Fillotot*, que je n'ai rien oublié. »

— « Ni moi non plus, *Ch'Frère!...* Je me souviens qu'au bout de quelques secondes vous me serrâtes la joue gauche entre le doigt majeur et l'index de votre main droite, vous me donnâtes un gros gros baiser sur chaque joue et me dites en même temps : *C'est bien, mon petit Fillotot!... je vois que tu es un homme!...*

« Vous voyez que j'ai de la mémoire, moi aussi. »

— « Je le vois clairement, et je vais profiter de cela pour te dire, méchant *Fillotot*, la raison qui m'a indisposé contre toi.

« Te souvient-il d'avoir dit que tu étais *libre-penseur?* »

— « Oui. »

— « Pourquoi l'as-tu dit et pourquoi l'es-tu ? »

En disant ces mots rien ne troubla la sérénité de la maigre figure, toujours calme et sévère, du *frère Chrisophore*.

On voyait l'honnête homme ayant promis la tolérance sinon le pardon; et on sentait le besoin qu'il avait d'accorder celui-ci ou tout au moins de pouvoir légitimer celle-là.

Ma réponse ne fut pas tardive. La voici textuelle :

— « Plus tard, dans L'IGNORANTIN, je vous donnerai toutes les explications que vous désirez, mon Frère, et j'irai plus loin que vous ne l'espérez.

« Pour aujourd'hui, laissez-moi vivement regretter que l'arbre Dubos ne soit pas ici... »

— « L'arbre Dubos?... » et les regards expressifs et spirituels de l'ombre du digne Frère des Écoles chrétiennes sondèrent mes regards dans lesquels s'exprimait mon cœur.

— « Oui, l'arbre Dubos...!

« S'il était ici il vous dirait que, de par les immuables et éternelles lois du *Grand Architecte de l'Univers*, il est des vents de toute espèce sous l'impulsion desquels tous les arbres se penchent avec soumission.

« Il vous dirait que lorsque l'antique et solennel vent de la voix, *toujours* UNE, de Dieu souffle, *non-seulement les arbres mais la création entière* doit s'incliner avec respect sous cet invincible et saint courant d'air qui vivifie tout et fait renaître la lumière de la vie où n'était que l'ombre de la mort!!...

« Mais, s'il était ici, il ajouterait à ce que je viens de dire que quand les arbres de Nazar verraient des cyclopes n'employant leur unique œil qu'à regarder la terre, s'emparer de soufflets de forge pour, en les rapprochant, se servir d'eux et déclarer que le vent qu'ils produiraient est un vent ou une voix du ciel: oh! alors, tous les arbres intelligents se redresseraient, indignés, pour protester contre une telle négation des lois naturelles et divines.

« DIEU, *immuable et éternel*, doit avoir une ÉTERNELLE ET IMMUABLE LOI dont de faillibles et périssables arbres ne peuvent pas changer les articles comme qui change de peau... Mieux vaut, *en gardant sous son écorce la foi ancienne*, déclarer qu'on veut saluer le premier vent venu, ou qu'on n'en reconnait aucun, qu'avoir l'air d'accepter ces rafales d'un ouragan présomptueux et sordide.

» Mieux vaut déclarer franchement ce que l'on est, que d'aller, *hypocrite et lâche*, dire qu'on croit à quelque chose d'absurde, quand on n'a aucun germe de croyance dans son cœur *d'arbre*...

« Voilà, très cher Frère Chrisophore, le langage qu'eût probablement tenu l'arbre Dubos, s'il eût été ici et s'il eût entendu les trois simples questions que vous m'avez faites.

« Tant qu'à moi et en mon for intérieur, je crois au Dieu en lequel, *maintenant*, *vous* croyez, je le vois partout; et dans mon FIDRIC, je le chante *comme nul ne l'a encore chanté...* »

Je me tus... j'attendais une réponse du vénérable Ignorantin.

Je sentis ma joue pincée entre les doigts osseux attachés à cette main blanche, sur laquelle j'aimais, étant enfant, à voir le duvet châtain qui sortait par tous les pores... et j'entendis une voix paternelle me répéter cette phrase qui me faisait oublier la douleur d'avoir la joue prise dans un étau :

— « Mon petit *Fillotot*, tu es *toujours* un homme... »

Ce fut tout... Le silence semblait accroître l'obscurité.

Je me retournai du côté de la troisième ombre au bras droit de laquelle ma mère avait passé son bras gauche.

Ce sombre personnage m'était tout-à-fait étranger et (sous son costume, datant d'un demi-siècle), il était facile de voir qu'il avait été, autrefois, un homme de lettres ou tout au moins un homme ayant eu une profession libérale.

Je saluai en m'inclinant... L'ombre me rendit mon salut et me dit en me tendant sa main gauche :

— « Vous ne me reconnaissez pas, je le vois. Nous sommes pourtant de très anciennes connaissances et nous avons été très proches voisins.

« Ne vous souvient-il plus de la pension de *M. Gignoux* qui occupait la maison avec jardin, au coin de la rue Saint-Louis et du chemin... du *Roy?* »

— « Si, Monsieur. »

— « Eh bien! je suis ce *M. Gignoux* et je viens vous rappeler, Monsieur, notre première rencontre.

« Votre respectable mère, ici présente, venait de voir votre digne père qui était placé chez *M. Mantz*, à la filature... et en nommant ce brave *M. Mantz* (que de mauvaises affaires forcèrent à quitter Bordeaux,) je dois vous déclarer que ce laborieux industriel vous avait pris en sérieuse affection. Je le connaissais beaucoup, et très souvent lorsque nous nous trouvions ensemble, il me parlait de vous.

« Votre facilité persistante et vos continuels travaux à l'école vous avaient attiré, tout jeune, l'amitié et l'estime de ce vaillant mais pas heureux manufacturier.

« Son départ de Bordeaux vous a nui considérablement, mon cher Monsieur, car son intention formelle, (qu'il avait, du reste, plusieurs fois exprimée à *Auguste*, votre père), était de pousser votre éducation pour stimuler l'amour-propre de son fils *Paul*, dont il eût voulu faire un architecte; mais qui, plus que probablement, se sera tourné vers la littérature.

« Excusez-moi d'être entré dans ces détails.

« Je reviens à notre unique entrevue.

« En quittant votre père, vous allâtes, accompagné par votre mère, à l'église *Saint-Martial*, dans la *rue Poyenne*. Vous y entendîtes tous deux la messe. Mes élèves, mes professeurs et moi y assistions également.

« Vous n'alliez pas à l'école encore : vous étiez trop jeune. Vous aviez une petite robe (on appelait cela un *peillot*, je m'en souviens). Vous étiez tantôt agenouillé, tantôt assis, sur la marche d'un confessionnal et vous teniez un petit paroissien; vous lisiez la messe et vous *suiviez* le prêtre dans les diverses phases de l'accomplissement de cet acte mystique.

« Vous étiez si petit, si petit que mes élèves et mes professeurs ne pouvaient croire que vous lisiez. Tant qu'à moi, j'en étais certain.

« Au sortir du saint office, tous nous vous attendîmes, nous vous fîmes lire et expliquer la messe; nous vous fîmes causer et je vous donnai 2 sous... »

— « Desquels je vous remercie encore, Monsieur, car je me rappelle parfaitement cette circonstance. »

— « Avant de nous séparer, je dis à Mme votre mère, avec pleine confiance en mes paroles, que son fils *parviendrait*.

« Vous êtes arrivé où les yeux de mon intelligence vous avaient placé il y a très longtemps et je vous en fais mes bien sincères et désintéressées félicitations... mon digne Monsieur. Persévérez et l'avenir vous sourira...

« Vous semblez commencer tard, mais vous avez tant écrit et tant senti, que vous ferez, mieux que qui que ce soit, comprendre ce que vous avez appris avec la patience persévérante et l'étude continuelle du cœur humain.

Telle est mon opinion. . vous êtes parvenu à faire ce qui, pour tout autre, eût été de la folie rien qu'à rêver seulement; donc, ma prédiction est accomplie... et je suis fier de l'avoir faite il y a 44 ou 45 ans.

« Je serai toujours votre ami et votre protecteur invisible, Monsieur. Quand quelque tournure de phrase vous embarrassera, vu votre ignorance (ne vous fâchez pas du mot), vous n'aurez qu'à songer à moi. Votre pensée sera un appel auquel je ne manquerai *jamais* de répondre et mes inspirations mystérieuses vous feront voir les détours heureux que peut prendre notre noble et enviée langue française... »

L'ombre de *M. Gignoux* cessa de parler.

Je croyais qu'elle était venue là exprès pour me mystifier... un nuage de sang passa devant mes yeux, un affreux bourdonnement se fit dans ma tête et j'entendis un instant toutes les cloches, y compris celle du Kremlin, à Moscou (1), tinter à mes oreilles...

J'allais éclater. Ma mère m'arrêta du geste et de la voix :

— « Monsieur a raison, mon fils... Ne comprends-tu pas toi-même, que tu fais une œuvre gigantesque en nous obligeant à comparaître devant toi *sans que tu nous aies fait le moindre signe?*

« Je te bénis de nouveau, mon enfant, en te répétant ce mot qu'un des premiers galants hommes qui t'aident t'a dit plusieurs fois : *Courage!... courage!..*

(1) La cloche dont je parle fut coulée en 1733 par *Michel Monterine*. Elle pèse 196,464 kilog., a un diamètre de 7m 47, une hauteur de 6m 82 et fut abandonnée pendant plus d'un siècle à l'endroit même où on l'avait fondue. C'est seulement le 6 août 1836 qu'on l'a soulevée pour la placer sur un piédestal.

Et j'entendais son branle, à toute volée, de mes deux oreilles déchirées par cet infernal vacarme ! ..

« Avant de nous séparer, dis-moi, mon fils, si tu n'as plus eu tes coliques hépatites, ces crampes d'estomac dont tu eus une crise de vingt heures quelques jours après ma mort?

— « Non, ma mère, Dieu merci.

« Et il est à désirer qu'elles ne reviennent pas, car, hélas! je n'aurais plus, pour se dévouer à moi, le bon docteur *T. Desmartis...* que quelques-uns de ses confrères n'aimaient point parce qu'en beaucoup de cas il était l'ennemi juré de la vieille routine.

« A l'époque de l'ignoble guerre dont nous n'achèverons pas de longtemps le paiement des frais, nous avions aussi, vous devez vous en ressouvenir, mère, une terrible épidémie variolique.

« Je suivais très souvent le docteur *Desmartis* auprès des malades le plus dangereusement atteints. Je le voyais se prodiguer pour eux, les soigner lui-même et donner aux plus nécessiteux les moyens de se procurer ce qui leur manquait... Tout en songeant aux dangers que couraient les médecins traitant les maladies communicatives, je pensais aussi à ceux qui, sur les champs de bataille, exposent leurs jours pour sauver ou prolonger ceux des autres.

« Inspiré par de noires et généreuses méditations, je fis alors, à cette triste époque, la petite pièce que je vais vous dire et que j'offre, sur une page du livre que je fais imprimer, à tous les honorables membres du docte et vaillant corps médical :

LA MÉDECINE EN FACE DU PROGRÈS ET DU DANGER. .

Sans trêve ni merci, guerre aux vieilles routines!
Il faut par le progrès, torturer leurs racines,
Tuer tout leur prestige et, pour faire cela,
Rester gardant pour soi le poste du plus brave.
Ah! ce poste est terrible! Et pour celui qui l'a,
Maintenant et toujours partout il est esclave :
Sur lui chacun s'appuie, heureux de le voir là...
En ce temps de douleurs et de deuil pour bon nombre,
DOCTEURS, *des plus vaillants vous êtes plus que l'ombre!*

« En renversant quelques lettres, mes braves ombres amies, j'offrirai (mais à la page suivante de mon ouvrage), la même pièce à la mémoire de celui qui, une fois, il y a de cela 8 ou 10 mois, m'avait dit : — « *Marchez, mon ami, et quand* « *votre manuscrit sera terminé, nous le ferons imprimer, nous* « *le vendrons et* VOUS NE SEREZ PAS LONGTEMPS MON DÉBITEUR. »

« Hélas !... il n'est plus !... Que son fils *Alphée* lui succède sous tous les rapports et qu'il accepte, pour solde de la reconnaissance due à son père, le faible hommage de mon cœur : c'est tout ce que je demande.

LA MÉDECINE EN FACE DU PROGRÈS ET DU DANGER.

(Transformation poétique.)

Sans trêve ni merci, guerre aux vieilles routines !
Il faut, par le progrès Torturer leurs racines,
Tuer tout leur prestige Et, pour faire cela,
Rester gardant pour soi Le poste du plus brave.
Ah ! ce poste est terrible ! Et pour celui qui l'A
Maintenant et toujours Partout il est esclave :
Sur lui chacun s'appuie, Heureux de le voir là...
En ce temps de douleurs Et de deuil pour bon nombre,
Docteur, *du plus vaillant vous êtes plus que l'ombre !*

Lorsque j'eus récité les neuf lignes que je t'ai mis dans l'obligation de lire au moins deux fois, ami lecteur, les trois ombres pressèrent mes mains dans les leurs et leurs regards me témoignèrent le plaisir qu'elles ressentaient de voir que l'ingratitude n'avait jamais pu s'implanter dans mon cœur.

— « Merci pour les vivants et les morts » me dit ma mère attendrie.

« Mais il est temps, mon fils, que tu arrêtes ton ouvrage. Tu vas y dépenser tout le fruit de tes privations et faire endetter, au-delà de ce qu'elle supposait, l'amitié qui a bien voulu répondre pour toi... en un mot ton livre va te coûter plus qu'il ne te rapportera... faisant surtout ce que tu as l'intention de faire... »

— C'est vrai, ma mère. Je me suis promis d'offrir sans condition, un certain nombre de mes exemplaires... Conviendrai-je?... Déplairai-je?... Je l'ignore. Mais si les personnes auxquelles je serai agréable veulent m'offrir un don ou m'envoyer le coût de mon ouvrage, je l'accepterai *sans rougir*, bien que je sois traité d'orgueilleux parce que j'affirme que nul *ne sait* et *ne veut savoir* ce que je fais et les infinis détails de mon travail.

« Ne m'étant jamais endetté, je suis préoccupé, c'est certain; mais *j'ai la foi*. Déjà, mon honorable imprimeur m'a affirmé que l'amitié ne serait pas inquiétée au sujet de son engagement; qu'on ne verrait désormais que moi et qu'on m'attendrait... Je remercie, ici, publiquement, cet estimable industriel de sa confiance en moi.

« Je ne suis pas riche, il est vrai; mais *j'ai* LE DROIT *de dire que mon indigence est mille fois plus honorable que certaine fortune proclamée par certain... et dont on répugnerait de connaître la vraie source...*

« L'univers entier sait que je reste *rue Sainte Catherine*, 161. Dans la planète Nazar, même, on connait mon adresse; car j'ai reçu de *Burdiga* et de *Parisis* deux télégrammes très curieux que *je promets* de publier... dans quelque temps.

« Vous le voyez, ma mère et vous mes bons amis; on me trouvera toujours quand on voudra m'empêcher de devoir longtemps ou m'aider à publier de nouveaux ouvrages... et moi, l'orgueilleux ignorant, qui ne connait même plus, dit-on, sa ville natale, je ne croirai pas commettre une bassesse en acceptant ce qu'on m'offrira... Sait-on ce que coûteraient à un autre toutes ces veillées passées, tous ces pleurs versés et tous ces souvenirs évoqués?... Je sais bien qu'il est des amis *serrés* et des millionnaires *avares*... mais .. »

Je me tus...

Un bruit de pas se fit entendre du côté du boulevard, (toujours sur la place du Repos) et, en nous retournant, nous vîmes, à la lueur blafarde de la lanterne du coin, l'ombre d'une vieille femme paraissant courbée sous le poids d'un panier qui, appuyé sur une de ses hanches, la faisait, comme un 7 mal tourné, se pencher du côté droit...

— « Cette femme me trouble » dit ma mère. « Il me semble toujours voir une sorcière... quand je l'aperçois... Allons nous-en, mes amis.

« Adieu, mon fils. »

— « Adieu, *Fillotot.* »

— « Adieu, Monsieur. »

— « Adieu !... adieu !... adieu !... » fis-je tristement ..

Et je me trouvai seul, en présence de cette vieille femme cause de l'éloignement et de la disparition de mes protecteurs invisibles.

VI

LA SORCIÈRE

Sachez que la nuit dernière,
Sur un vieux balai rôti,
Avec certaine sorcière
Pour l'enfer je suis parti.

(BÉRANGER).

Le dimanche 5 mars 1843, étant assis sur un établi de menuisier, je causais avec le laborieux *M. Bonnal*, patron chez lequel j'étais entré pour apprendre son état : puisqu'on préférait *un ouvrier sans argent qu'un commis sans le sou*. (1)

J'allais tirer au sort le lendemain et nous causions de cet acte toujours sérieux pour tous.

(1) Voir la notice précédant l'*Étoile du Marin*, page 95, 1er alinéa.

Une vieille femme se présenta et nous fatigua vainement pour lui prendre des billets : elle lotait un *plat* (terme local); ce *plat* était composé de façon qu'à part le pain et le vin il y avait de quoi faire un excellent repas à quatre personnes.

Harcelés par ses instances, nous lui dîmes que nous nous occupions d'un billet autrement sérieux que ceux qu'elle nous offrait : de mon numéro du tirage au sort.

— « Ah ! c'est cela ! » dit alors la vieille femme, « eh bien ! qu'il prenne le numéro 90... ce sera celui qui *gagnera* le *plat* et ce sera, aussi, celui que *tirera* ce garçon... »

Nous ne l'écoutâmes pas.

La loteuse partit...

Le *plat*, quelques heures après, était *gagné* par le numéro 90 et nous étions vivement contrariés, je te le promets, lecteur partisan des bons repas, de ne pas avoir pris ce numéro prédestiné.

Le lendemain, lundi 6 mars 1843, le numéro que je *tirais* de l'urne patriotique *était* 90... et je n'étais pas soldat ! ! !

Mais, indubitablement, la vieille loteuse devint pour nous *la Sorcière !!...*

Donc, c'était *la Sorcière* que j'avais devant moi.

Elle continuait, dans l'autre monde, son ancien et pénible métier.

Elle lotait des vœux pour ceux que nous laissons derrière nous ; des paroles en l'air pour ceux qui s'en vont avant nous et beaucoup d'autres choses, parmi lesquelles se trouvaient les photographies EXACTES *de l'intérieur des cœurs des héritiers* des défunts... Ah ! que c'était curieux, bon Dieu !

Il fallait voir, chez le plus grand nombre, la reproduction des grimaces que faisaient leurs corps... pour simuler la tristesse, l'abattement et la douleur !

Oui, je vous le jure, c'était curieux... et les tableaux vivants qui avaient le don de charmer parfois les loisirs de la noble cour du *Don Quichotte de Sedan*, étaient de bénignes images de savetier à côté de ces honteuses nudités intellectuelles !

....

La vieille sorcière qui lisait couramment dans ma pensée y répondit *ex abrupto* :

— « *Il* reviendra, pourtant, si les Français oublieux de leur Patrie ne sacrifient pas leurs opinions personnelles pour en adopter une les ralliant tous sous le même drapeau : *celui qui les divise le moins...* comme l'a dit avec sagesse et perspicacité *Le Premier Soldat de France*. (1)

— « *Il* reviendra !... *Lui!*... *Il* n'est plus possible!... »

— « Si... on peut *le* rendre encore possible... »

— « Jamais!... *Lui !*... la honte éternelle de son nom!... *Lui!*... qui a déshonoré l'armée la plus vaillante!... l'armée française!!!... *Lui!!*... qui a vendu et fait vendre nos héroïques soldats, des Français! comme de vils troupeaux de moutons, pour sauver sa peau et caresser ses cigarettes!!!... *Lui !*... fouler encore en maître le sol qu'il a inondé d'ignominies!... Jamais! Jamais! Jamais!... *Tout*, TOUT, TOUT; mais pas *lui*.

« A toutes nos hontes n'ajoutons pas celle-là...

« L'univers entier nous cracherait à la face... et il aurait mille fois raison...

« Mais *il* ne reviendra pas... Non... le sein de la France se déchirerait plutôt pour engloutir dans ses profondeurs *celui* qui... »

Je m'arrêtai... *la* vieille *Sorcière* avait disparu... Je repris le chemin de ma demeure.

Éloignant de mon esprit mes dernières et répulsives impressions, je me mis à songer, tout en marchant, à ces pauvres femmes qui, pour allonger leurs journées, se mettent à loter, le dimanche et, quelquefois, dans la semaine.

J'en connais une, sympathique lecteur, qui fait ce rude métier pour entretenir la tombe de sa fille unique, *fleur brisée* au moment de son éclosion.

Quand tu la verras, mon ami, si je n'ose lui prendre des bil-

(1) Voir le numéro du journal l'*Éclipse*, du 6 septembre 1872.

lets dans la crainte de raviver une douleur que je partage, prends-en pour toi et moi, prends-en beaucoup, prends-les tous si tu le peux, et laisse lui *son plat* pour qu'elle recommence avec d'autres clients moins favorisés que toi de la fortune...

Et vous, utiles protecteurs de l'ordre public, vous gardiens de la paix de tous, vous *connus* de chacun et ne faisant pas partie de l'*Œil-Pie secret-méchant* (comme on dirait à Nazar), fermez les yeux le plus possible sur cette pauvre industrie que d'honorables misères sanctifient par le but qui la leur fait exercer...

Tout en faisant ces philosophiques et philanthropiques réflexions, j'arrivai à la place Pey-Berland que sembla, tout-à-coup, éclairer un immense météore.

Je levai les yeux et au-dessus de la tour même de Pey-Berland, à la place de la statue dorée de la Vierge, je vis s'élever une autre noble et attrayante figure.

J'allais m'agenouiller, mais l'apparition me fit signe de ne le point faire et de la considérer hardiment, en face.

Je le fis... le geste qui m'avait été adressé était si doux et si majestueux!

O félicité suprême! ô bonheur ineffable contenant en lui tous les bonheurs!... après avoir revu ma première et mortelle mère, je voyais mon autre mère, *la mère de nos mères*, la mère éternellement chérie de tous les cœurs aux généreuses inspirations!

Oui, mère toujours adorée et partout bénie, quoi qu'il t'arrive; oui, je te reconnus et l'univers entier l'eût fait comme moi, car sur ton noble et vaste front une main divine a tracé ton nom que j'ai célébré depuis bien longtemps... ton nom qui a su inspirer des chants à tous les amants de l'honneur et du génie laborieux!

Oui, mère éprouvée, je te reconnus et voulus, une fois de plus, te donner mon cœur en te l'offrant moi-même!...

VII

LA FRANCE !

Garde à vous !...
Peloton !...
Portez armes !...
Présentez armes ! !

C'était bien ELLE !

Dans son regard majestueux, plein de noblesse, se lisait l'amour de l'humanité appuyé sur la persévérance généreuse qui fait les grands peuples.

Sa tête (sur laquelle se voyait encore une couronne d'épines dont les pointes acérées avaient été émoussées par la foi du droit qui, tôt ou tard, donne la force),sa tête était entourée d'une immense auréole prenant son éclat du soleil, céleste flambeau que le Dieu qui protège la France semblait avoir créé pour elle.

Dans son sein maternel se pressaient, avec amour, toutes les provinces la composant, et, hors de ce sein toujours palpitant des plus énergiques affections, deux nobles sœurs : l'*Alsace* et la *Lorraine*, attestaient, par leurs attitudes obligées mais non résignées, quelle était leur douleur de se voir séparées de leur mère.

Auprès d'une de ces nobles provinces ; les vêtements en lambeaux et le corps pollué par d'infâmes caresses, se tenait, dans la pose d'une vierge réclamant vengeance d'affronts reçus, *Metz la Pucelle* qu'un traître Judas a livrée aux forbans...

Ce splendide et douloureux spectacle porta le trouble dans ma tête et mon cœur... des larmes coulèrent silencieusement le long de mes joues et j'allais, oubliant la générosité de ma mère la France, pousser une imprécation horrible contre tous les auteurs des déchirements dont nous avons été victimes, *dont j'étais témoin;* lorsque, ô prodige! prodige plus surprenant que tous ceux l'ayant précédé, je vis la tour Pey-Berland s'enfoncer graduellement dans la terre jusqu'à l'effleurer de son sommet.

Alors, la statue, la France elle-même, cette tendre mère, daigna s'avancer et s'abaisser jusqu'à moi; puis sur mon front, derrière lequel s'était prosternée mon âme, je sentis un brûlant baiser d'amour...

Ce baiser était le sien!

Ainsi que d'un trésor précieux mon cœur s'en empara et l'enferma en lui pour le conserver éternellement...

Et, comme la sainte image s'était replacée sur sa mesquine base; comme la tour Pey-Berland s'élevait lentement dans l'espace pour reprendre son premier aspect, je m'écriai :

— « Pardonne, ô noble mère! ô France bien-aimée! pardonne à ton fils dévoué le langage véhément qu'il a parfois tenu, qu'il tiendra peut-être encore, en des moments d'angoisses suprêmes!

« Ton cœur miséricordieux doit pardonner, car il sait que le mien a toujours été tout amour et que c'est l'amour qui l'a fait s'éclairer et s'instruire en le martyrisant.

« Aussi, France martyrisée également, tu ne dois pas être surprise, puisque le cœur de ton enfant a été violemment renversé par d'injustes haines, de l'avoir vu se combler de rancunes.

« Est-ce ma faute à moi, si, toutes mes chastes amours broyées, je me suis trouvé n'avoir que du fiel dans mon âme?

« Est-ce ma faute à moi si mon cœur, luth n'ayant été créé que pour chanter l'amour et l'amitié, a vu toutes ses cordes cassées et remplacées par de lourdes et ignominieuses chaînes?

« Du vase plein d'ambroisie qu'on abat et qui se redresse, n'ayant pu être brisé, il ne peut sortir que de l'amertume... si on se fait une loi cruelle de l'emplir continuellement d'absinthe et de fiel.

« Et c'est ce qui est arrivé à mon cœur.

« On l'a lentement inondé d'humiliations et d'injustices.

« Les flots de cette inondation lâche et imméritée étaient congelés, à mesure qu'ils se formaient, par mon mépris et mon dédain, de sorte que, mon âme pleine, les couches d'opprobres dont on l'abreuvait se superposaient les unes sur les autres sans s'épancher au-dehors.

« Mais, sous les chauds rayons du radieux soleil de ton amour, ô ma patrie! toute cette glace factice s'est fondue et il a paru sortir de mon cœur plus de haine qu'aucun cœur humain puisse en contenir... Trop-plein et contenu, tout a fui du contenant... il n'y reste plus, maintenant, que de l'amour.

« C'est pourquoi, ô ma mère! France intelligente autant que bonne! C'est pourquoi je vais t'offrir mes RÊVES ALLEMANDS ET FRANÇAIS, sachant bien que, *contrairement à ceux les repoussant sous le* FAUX-FUYANT *qu'ils sont trop haineux*, tu y verras mon amour pour tous, en y lisant la constatation *poétique* de faits *qu'on ne doit pas oublier*.

« *Rappeler les sévères corrections infligées à cause de fautes graves commises, n'implique nullement la haine du fautif contre celui qui l'a corrigé.*

« Que deviendraient alors l'amour filial et le respect envers les professeurs???...

« Tu dois me comprendre, ô toi la mère et la gloire de tous les *vrais* Français! puisque tu m'as accordé un baiser qui m'honore... »

Je terminais mon évocation, lorsque je vis l'auréole qui entourait la tête de l'image de la France disparaître en de certaines parties pour s'accentuer davantage en d'autres... Et les parties lumineuses, s'agençant cordialement entre elles, arrivèrent à former des caractères composant eux-mêmes ces trois mots, couronne symbolique du sort réservé à notre Patrie... si nous avons *la bonne volonté et la foi :*

AVENIR!... ESPOIR!... AMOUR!...

Puis, tout disparut et je ne vis plus que la douce image de MARIE dont le nom seul est tout amour, puisque son anagramme est : *Aimer*... (*c'est l'amour qui m'apprit cela... jadis*).

Je saluai CELLE qui avait un moment cédé sa place à LA FRANCE et j'allai me coucher en songeant à toutes deux.

Je dormis trois heures et demie cette nuit-là.

Puisse-tu, lecteur obligeant, ne pas dormir plus que moi en me lisant et, surtout, bien interpréter tout ce que je t'ai offert et ce que j'ai encore à t'offrir avant de terminer ce volume.

Octobre 1872.

Lettre adressée individuellement à MM. Thalès Bernard et Henry de Kock (1).

Bordeaux, le 19 octobre 1872.

Rien qu'une main, Français, je suis sauvé!
(Béranger.)

Monsieur,

Le 3 juillet dernier, la Société Littéraire et Artistique de Sambartolomeo in Galdo (Italie), admettait (à la connaissance du soussigné), trois Français au nombre de ses membres.

Deux de ces Français ne pouvaient que rehausser l'éclat de la Société qui venait de les admettre glorieusement dans son sein : ils avaient fait leurs preuves comme savants distingués et littérateurs émérites ; mais le troisième était loin de s'attendre à l'insigne faveur de voir son nom figurer à côté de ceux de MM. Thalès Bernard et Henry de Kock.

Quelques poésies fugitives, plusieurs centaines de couplets tristes ou joyeux éparpillés sur sa route encore à remblayer et une pauvre petite *Plume Blanche* (2) envolée vers l'Italie : tel était le mince bagage du triste hère, vieux débutant qui, n'o-

(1) La minute de cette lettre a été égarée, mais celle qu'on va lire en est l'interprète fidèle pour le fond et le sens. Tant qu'aux réponses qui y ont été faites, elles sont textuelles. Les lacunes laissées dans celle de M. *Thalès Bernard* (auteur plusieurs fois couronné par l'Académie Française), suppriment des particularités trop sympathiques pour l'auteur de LA PATRIE EN DEUIL ou des expressions trop énergiques contre le système *Bismarkois*.

(2) Voir *La Plume Blanche*, page 23, qui a été reproduite par plusieurs journaux italiens.

sant se dire votre confrère, vient vous demander, Monsieur, l'autorisation de placer votre nom en tête d'un petit poème intitulé : RÊVES ALLEMANDS ET FRANÇAIS.

Ce poème, dont le soussigné vous adresse, ci-joint, copie *des trois dernières parties*, termine un ouvrage (le premier qu'il publie), ayant pour titre : LA PATRIE EN DEUIL.

Les nombreuses et réitérées instances de ses amis, ont décidé le soussigné, membre d'honneur des concours poétiques de Bordeaux, dont vous êtes, vous, Monsieur, président au même titre, à sortir de son mutisme.

Puisse l'intention de l'auteur de LA PATRIE EN DEUIL être comprise par tout le monde et puisse votre nom, servant de passe-partout au sien, être un de ses plus grands sujets de gloire et de félicitations.

Dans cet espoir, le soussigné a l'honneur de vous présenter, Monsieur, l'assurance de ses salutations aussi empressées que respectueuses.

Hry NADAUD (*de Bordeaux*).

N. B. — Lors de la réunion du Congrès de l'*Association Française pour l'avancement des sciences*, (dont la première session a eu lieu à Bordeaux, en septembre dernier), j'offris *l'avant-dernière partie* des RÊVES ALLEMANDS ET FRANÇAIS au journal qui tient le haut du pavé dans notre ville.

L'insertion en fut refusée parce que, dit-on, le fond *en était trop haineux.*

Je proteste de toute l'énergie de mon âme contre cette interprétation de mes sentiments.

La constatation d'un fait, les inductions ou déductions qu'on en peut tirer, *ne sont pas des* PREUVES *de haine contre l'auteur du fait incriminé.*

Je n'ai de *haine* contre personne, mais je réclame *justice* pour tout le monde.

Chez nous, entre nous et PAR NOUS-MÊMES LA FORCE NE DOIT PAS PRIMER LE DROIT.

H. N.

Réponse de M. Thalès Bernard.

Paris, 21 octobre 1872.

CHER POÈTE,

Je connais très bien votre nom, identique avec celui de notre chansonnier parisien, mais je vous croyais en résidence à Marseille. Du reste, peu importe, je n'avais pas besoin des beaux vers que vous m'avez fait l'honneur de m'adresser pour être flatté de votre sympathie et m'y conformer comme bon vous semblera. Les associations sont obligées... de mettre quelque prudence dans leurs actes, mais nous, individus isolés, nous sommes maîtres de nous-mêmes. Allez donc de l'avant, si je puis vous être bon à quelque chose, je le ferai de grand cœur.

Comme vous le dites fort bien, la *haine* n'est pas la *justice*... mais la revanche viendra. Honneur à ceux qui auront préparé cette revanche : Ce sont de *vrais* Français.

Non, *la Force ne doit pas primer le Droit*; c'est là un axiome hideux... les grands diplomates ne disent pas ces choses-là, se contentant de les penser, ce qui est aussi un crime............

Écrivez-moi, cher poète, si vous avez besoin de moi pour quelque chose, ce que je pourrai je le ferai.................. ...., et croyez-moi

Tout à vous,

THALÈS BERNARD,

Réponse de M. Henry de Kock.

Limay (Seine-et-Oise), 25 octobre 1872.

MONSIEUR ET CHER CONFRÈRE,

Vous m'honorez beaucoup en voulant mettre mon nom en tête de votre poème ; c'est vous dire que j'accepte très volontiers votre gracieuse proposition.

Et bon succès à votre livre, ce qui lui est dû si j'en juge par les extraits que vous m'en adressez. Il y a du cœur là-dedans et une originalité rares.

Compliments sincères.

HENRY DE KOCK.

GUERRE DE 1870-71

RÊVES ALLEMANDS ET FRANÇAIS

A MM. THALÈS BERNARD et HENRY DE KOCK,
Présidents d'Honneur des Concours poétiques de Bordeaux,
membres d'Honneur de la Société Littéraire et Artistique de Sambortolomeo in Galdo, etc.

L'homme propose...
Dieu dispose!!!

(Proverbe connu de tous).

I

CONSÉQUENCES DE LA LUTTE

HOURRA!

Toi toujours noble et magnanime,
Toi qu'un souffle divin anime,
Toi, de l'avenir, le pivot;
Doux pays, où j'ai pris naissance,
Croyait-on que de ta puissance
L'emblème serait un pavot?

Ou bien tes sournois adversaires,
Qui n'eussent jamais dans leurs serres
Pensé te tenir d'aussi près,
Se sont-ils dit : — « La France tombe!..
« Tressons, pour mettre sur sa tombe,
« Une couronne de cyprès?... »

Prenons la chose la moins forte.
On ne disait pas : *elle est morte !*
On murmurait : *elle en mourra*...
Et Bismark, mêlant dans sa gloire
Les morts de la Meuse et la Loire,
S'apprêtait à crier : — « Hourra !

« Hourra !... La France est bien malade !
Hourra !... Ce nouvel Encelade
Ne menacera plus les cieux...
Pour modérer sa turbulence
De ses voitures d'ambulance
J'ai fait foudroyer les essieux (1)

« Hourra !... Les splendides contrées
Par nos milices rencontrées
Sont dans la désolation...
Chez ce sot peuple *sans astuce*
De l'effroi qu'inspire la Prusse
On fait la constatation.

« Hourra !... Voyez ce peuple-hercule,
Il a peur !... Il est ridicule :
Ceux qu'il heurtait sont ses *heurtants*...
Les Français (*dont je sais le nombre*),
De leurs pères ne sont qu'une ombre.
Ils ont plus qu'achevé leur temps...

« Hourra !... Je guette aux gémonies
Ce peuple dont les agonies
M'ont fait sourire... par Satan !
Pour voir agrandir son royaume
J'ai rendu mon *ex*-roi Guillaume
Imposteur comme un charlatan !...

(1) L'histoire constatera qu'en dépit des conditions de Genève, *qui ne sont autres que celles de l'humanité civilisée*, les canons prussiens n'ont ménagé ni hôpitaux, ni ambulances.

« Hourra !... — « *Je viens chez vous combattre*
« *Un système... qu'il faut abattre*
« *Sans attaquer la nation. .* »
— « C'est là ce qu'a dit mon *haut* maître !...
Chez nous ce n'est rien de promettre
Grâce pour *condamnation !...*

« Hourra !... Les cités ahuries
Pour calmer nos froides furies
Ont donné leur dernier écu.
Qu'importait qu'on nous dise : *Infâmes !...*
Nous prenions écus, filles, femmes...
Et leurs défenseurs... ont vécu !...

« Hourra !... Car *des Femmes de France*
La belle œuvre de délivrance
S'est tournée en dérision.
L'emprunt se tournera de même...
Et la France, si l'enfer m'aime.
N'aura plus une illusion.

« Hourra !... Je ruinerai les villes
Qui, pour nous, furent inciviles :
Scellant en elles nos devins.
Après *le Midi,* notre ronde
S'assouvira, dans *la Gironde,*
De bière, d'amours et de vins...

« Hourra !... La France en son calice
Verra tant de fiel, de malice,
Que perdue elle s'avoûra.
Alors, devant la Prusse altière
S'inclinera l'Europe entière,
Comme un saule pleureur... Hourra !!!... »

....

Ici, du fort Bismark finit le monologue...

Mais comme à tout roman il faut un épilogue,
Il rêva de la guerre une autre édition :

Le peuple européen, dans sa reddition,
De ses humains débris ne fit qu'un anathème.
Lui, redressant son front sous l'ignoble baptême,
En repoussant du pied l'Europe à ses genoux,
Dit à *son Empereur :*
— « L'univers est à nous !
« Les peuples sont tremblants... En les rendant tous lâches,
« La peur a fait pour nous, les trois-quarts de nos tâches.
« Ces êtres innomés, baptisons-les *Prussiens...*
« Mêlons-les .. pour que nul ne retrouve les siens.
« Puis, avec leurs vaisseaux, avec eux, troupe immonde,
« Allons, *eux en avant*, prendre le Nouveau-Monde. »

Et (*toujours dans son rêve*), il sentit une main
Se poser dans la sienne :
— « A demain !... à demain!...
« Demain nous pillerons la ville qu'on nous livre
« Aujourd'hui... Je suis bien quand je me vois, seul, ivre...
« Laisse-moi reposer... et rêver Grand-Redan,
« Sébastopol, Paris, *Sarrèbruck... et* SEDAN !!...
« A *l'Homme de Sedan*, aussi, par Saint-Guillaume
« Mon patron, comme à toi, je dois mon grand royaume :
« *Mon Empire !...* (entre nous, empire d'Arlequin,
« Dont les morceaux me font jouer au Charles-Quint...)
« Adieu, Bismark, adieu... Ton maître et ta maîtresse
« T'aiment... sachant fort bien que ton âme, traîtresse
« Pour tous... est, pour eux seuls, bonne... quand tu hennis...
« Je veux dormir... adieu... Bismark, je te bénis.. »

Et cette voix *du rêve* enchantait le ministre
Du menteur couronné...
Son œil profond, sinistre,
Promenait sur des morts un infernal regard...
Des fleuves et torrents le moindre flot, hagard,

Formé de sang, venait (pour lui voix interlope),
Lui dire : — « Qu'as-tu fait de la France et l'Europe?... »

Le sourire troublé que son maître auguste a
Quand, ivre... de sa gloire, il rêve d'Augusta,
Illumina Bismark... et sa voix brève et fausse
Murmura :
— « Toutes deux sont dans la même fosse! »

....

Puis, cessant de dormir :
— « Satan m'émerveillait...
« HEER GOTT SACKREMENT!... Si la France s'éveillait!!!... »

II

AVANT L'EMPRUNT

Baptisant ses succès du nom de représailles,
La rancuneuse Prusse a ses *nobles* batailles,
C'est vrai... mais, maintenant, elle ne rêve plus...
Les songes dits plus hauts, seraient, tous, superflus...
L'Europe la connaît : elle l'a vue à l'œuvre.

Lorsque, surpris, on voit surgir une couleuvre
De l'herbe sur laquelle on s'assied, la stupeur
Vous confond un instant... mais on n'en a plus peur
Quand, surprise elle-même, elle siffle de rage.
Point n'est besoin, alors, d'acheter du courage :
On attend de sang-froid le reptile hideux
Et, d'un coup de cravache, on le partage en deux.

Aussi, Français, Danois, Anglais, Autrichien, Russe,
Connaissant, désormais, la marche de la Prusse,
Devront trouver un frein pour son ambition.
Il faut proclamer haut la prohibition
Des agrandissements successifs que la guerre
Donne, de par l'honneur... à ceux qui n'en ont guère.
C'est pourquoi de Bismark et de *son* Empereur
Les noms ne seront plus redits avec terreur;
C'est pourquoi (malgré tant de motifs d'allégresse),
Qu'après avoir changé l'Allemagne en tigresse
Et s'être fait chacal, le César de Berlin
Ne sera plus, pour tous, qu'un bien piètre *Merlin* (1) :
La France qu'il faisait marcher à la baguette ;
La France, ce volcan que de loin chacun guette
Quand ses éruptions font bondir l'univers :
La France qui devait, sous tant d'assauts divers,
Mourir, tressaille encor... Se relèverait-elle ?...
OUI ! ! !
Guillaume et Bismark, maudissant l'immortelle,
La Guêpe, rappelant celles d'Alphonse Karr,
S'attendent, trop, pour eux, à la réponse... Car

S'il est réel qu'on peut écrire
Que l'empressement à souscrire
Fut lent en sa gratuité,
Il est juste, aussi, qu'on constate
Que l'opinion qui se tâte
Exclut toute ingénuité.

Comment voulez-vous qu'on arrive
Quand, de chaque bord de la rive,
L'esquif au large est repoussé?...
En disant : — « Je suis *mon* apôtre.
« Et je prêcherai pour un autre !... »
Tout noble élan est émoussé.

(1) Celèbre enchanteur... qu'estimait *Don Quichotte*.

Or, sous l'aveugle politique,
Le cœur le plus paralytique
A sa propre chaleur se fond.
Il ne veut pas que l'on colporte
Qu'à son rival s'ouvre la porte
Et que lui, dehors, se morfond.

La souscription, nue et libre,
Paraissait sans nul équilibre
Aux porte-drapeaux de *ceux-ci ;*
Et *ceux-là,* craignant de trop mettre,
Voulant et tenir et promettre,
Hésitaient en disant : — « Voici !... »

C'est pourquoi, traînant en souffrance,
De l'*Œuvre des Femmes de France*
L'origine a manqué le but.
Puis (l'égoïsme a bien ses modes),
Ces *fins de non-vouloirs* commodes
Du *coffre* esquivaient le tribut...

Dût-on l'écharper, le maudire,
Qui *croit* voir le vrai *doit* le dire
Sans craindre dupeurs ni dupés...
Ils sentaient cela *les Guillaumes*
Et les Bismarks... mais, ces grands hommes
N'en étaient point préoccupés.

Ils pensaient : — « La France, éperdue,
« Vainement, d'une voix perdue,
« Appellera les capitaux.
« Nous lui souillerons tant la face
« Qu'il faudra bien que l'on efface
« Son nom de tous les chapitaux... »

....

Aussi, les maîtres ès-mensonges,
Se berçant de ces affreux songes,
Façonnaient ainsi l'avenir...
Et l'emprunt, auquel l'on procède,
A la souscription succède...
— « Est-ce lui qu'on voit, là, venir?... »

— « Oui. » — « Non. » — « C'est lui ! » — « C'est impossible!...
« Bien qu'à tous il soit accessible
« Son chiffre est un épouvantail. »
— « Mais... alors... qu'est ce flot qui monte?... »
— « C'est un mirage que démonte
« Le plus petit coup d'éventail... »

....

Ce n'est pas un mirage, un leurre.
Ce sont des fortunes, que l'heure
De l'emprunt pousse vers Paris.
Pour la France est l'or de la terre !...
Loin de l'excentrique Angleterre
Se font d'extravagants paris.

— « L'emprunt sera couvert, je gage,
« Trois fois. » dit l'un. — « Quel sot langage ! »
Interrompt un loustic grondeur.
— « Et pourquoi ? » reprend un troisième.
— « Parce que la France elle-même
« N'a pu... » — « Taisez-vous donc, frondeur... »

— « Gageons qu'à la Prusse jalouse
« La France montrera, non *douze*,
« Mais *dix* emprunts entre ses doigts ?... »
— « Vous êtes fou... » — « Vous très myope. »
Dit un intrus... « Seule, l'Europe
« Couvrira l'emprunt treize fois !!! »

III

PENDANT L'EMPRUNT

Ce chiffre est dépassé!... Pour compléter l'amende
Que la haine tudesque à la France demande,
Après *deux*, acquittés, il faut *trois milliards!*
Cinq milliards de francs!... O vautours!... ô pillards!...
Vous n'avez pas besoin de dire qu'à la France
Vous vouliez enlever *l'ombre* de l'espérance :
Cela se voit...
Eh bien! en sus de ce haut prix
Vous recevrez, GRATIS, *rage*, *honte* et *mépris :*
Mépris de ceux ayant vu s'user votre astuce
A tuer un pays pour engraisser la Prusse;
Honte de recevoir le lourd soufflet moral
Que l'emprunt réussi (fait plus patent qu'oral)
Vous donne par la voix de l'Europe indignée;
Rage, après avoir cru la France résignée,
De la voir se dresser devant tous vos sujets
Pour, à coups de sacs d'or, démolir vos projets...
Un résultat pareil doit peu vous satisfaire.
Les milliards sont là... — « Font-ils bien votre affaire?... »
C'est douteux... Car l'Europe, en répondant pour vous,
Dans l'avenir nouveau vous donne rendez-vous.

L'avenir, toujours problématique,
Laisse voir son fond emblématique
Sous l'emprunt *quatorze fois* couvert!
Si dans l'ombre a rampé la couleuvre,
Au grand jour mettons-nous tous à l'œuvre :
En avant!... le chemin est ouvert
Le prix de nôtre délivrance
Bismark peut dire qu'il le tient
Désormais l'avenir appartient
A la France!

N'allons pas prendre pour notre thème
Si c'est *tel* ou *tel* autre système
Qui nous vaut un succès financier...
Nous avions perdu notre équilibre.
Aujourd'hui chacun de nous est libre
De tenir un bout du balancier.
Malgré nos échecs, l'espérance
En nous est grande... Elle fait loi.
Et l'emprunt prouve assez qu'on a foi
En la France.

Cette foi, nul ne la peut éteindre.
L'Allemagne, en cherchant à l'atteindre,
L'a, peut-être, entraînée au sommeil!...
La tuer?... Ce n'était pas possible.
Eh! qui donc, prenant le ciel pour cible,
Oserait dire : — « A moi le soleil!... »
Sous la complète indifférence
A grands pas se glisse l'oubli.
Or, la foi : c'est l'amour établi
Dans la France.

A nous, donc, à reprendre la route
Du Progrès qui, seul, met en déroute
Les calculs et les projets humains.
Du palais à la pauvre chaumière
Répandons, sous des flots de lumière,
Le savoir pour tous, à pleines mains.
Quand nous aurons entre *apparence*
Et *réel* su faire le choix,
On dira : — « Qui ne suivrait la voix
De la France? »

Sans chercher le sentier du pinacle,
Nous irons jusqu'en son tabernacle
Saluer l'austère vérité.

A tous ceux fournissant leur carrière
(Sans jamais regarder en arrière),
Réclamons de la sévérité.
  L'étude de notre souffrance
  Doit nous rendre plus circonspect.
Acquérons de chacun le respect
    Pour la France.

Chaque an voit refleurir la pervenche,
L'an viendra de l'immense revanche :
Ce sera l'an de la puberté.
Mais, alors, ô succès magnifiques!
Les lutteurs, nombreux, scientifiques,
N'iront point frapper la liberté.
  Ils dissiperont toute transe.
  Contre eux pas un ne maudira.
Qui fera ces choses?... On dira :
      — « C'est la France! »

Vers la France, un moment délaissée ;
Vers la France, un instant abaissée
Sous la loi rude du talion;
Vers la France indignement trahie,
Encor plus lâchement envahie,
Dont on a muselé le lion,
  Sont tournés les vœux d'espérance
  Des peuples croyant au bonheur
Et disant : — « Malgré tout, gloire, honneur,
        A la France! »

IV

APRÈS L'EMPRUNT

Gloire honneur à la France! .. à ce noble pays
  Qui m'a fait verser tant de larmes!

A son amour sacré, maintenant j'obéis
Tout comme durant ses alarmes.

. . . .

Des oiseaux de la mort, louvoyant sur *son* sol,
Tiraient derrière eux un suaire.
Ils voulaient s'en servir, dans leur funèbre vol,
Pour mesurer *son* ossuaire.

Chacals, aigles, corbeaux, tous, solidairement
Contre *celle* que *Dieu protège*,
Devaient faire les frais de son enterrement
Et fournir la haie au cortège.

En tête du convoi devait se faire voir
La *Fierté* coudoyant l'*Astuce* ;
A leur suite, couvert des plis d'un drapeau noir,
Le Mensonge qu'a fait la Prusse :

— « *Nous frappons* UN SYSTÈME *et pas* LA NATION... »
(Cela fut dit!... Plus tard, l'Histoire
Sera du *grand* diseur la condamnation
Et réprouvera sa victoire.)

. . . .

Au centre du cortège on devait admirer
Les éclopés venant d'abattre
La morte... dont la nef venait de chavirer
En luttant *seule* contre quatre.

Pour clore le convoi, deux bandes de vautours,
Ayant la Prusse pour marraine,
Devaient, dans les plus noirs et plus fangeux détours,
Traîner l'Alsace et la Lorraine !!...

Quel coup d'œil!... et *surtout* quel exemple!... Je crois
Voir, souffletant notre souffrance,

Nos insulteurs souiller nos couleurs et la croix
Mise sur le corps de la France!

. . . .

Ça devait être beau!...
Les oiseaux de la mort
Tendaient le linceul en mesure...
Et la tâche avançait... Mais *bec crochu qui mord*
Déchire... en oubliant l'usure.

Et les oiseaux tiraient, tiraient sur le linceul
Devant couvrir la France entière!
Et leurs yeux se disaient : — « Un drap suffira seul,
« Pour rendre NÔTRE *sa* frontière. »

Et le drap s'allongeait!!!... mais la frontière, aussi,
S'allongeant vers les Pyrénées,
Semblait dire aux oiseaux de mort : — « C'est juste ici
« Qu'il faut prendre vos sœurs aînées.

« Car l'Espagne et la France ont, toutes deux, un ciel
« Digne de votre convoitise.
« Puis, *le Hohenzollern*, tout providentiel,
« Ne doit pas tourner en... sottise. »

. . . .

Et les oiseaux de mort tiraient, tiraient toujours
Pour atteindre le beau mirage...
Et le linceul, sans trêve allongé tous les jours,
Se tamisait sous ce tirage.

Tout-à-coup, sans avoir les deux gibiers prédits,
Se déchira la gibecière!! (1)

(1) Ce vers ne rend pas exactement mon idée. Elle était, à mon sens, beaucoup mieux traduite par celui-ci : *Il se brisa* (le linceul), *comme*

Or, s'ils n'eussent eu, tous, des ailes, les maudits
Eussent roulé dans la poussière.

Le rude contre-coup leur fit raser le sol
Qu'en entier ils voulaient étreindre.
Alors, en croassant, ils reprirent leur vol
Du côté qu'ils s'étaient fait craindre.

....

On prétend que le coup de corne d'un Veau d'or
Provoqua cette déchirure
Et que, depuis ce temps, un monstrueux Condor
Ronge leurs cœurs sous leur parure.

Ce qu'on sait de certain c'est que l'enterrement
Est remis aux calendes grecques,
Et que, sur notre France, on peut, très clairement,
Placer de bonnes hypothèques.

L'Emprunt est *le Veau d'or* calmant de nos vainqueurs
L'usurière frénésie.
Sa réussite a dû faire naître en leurs cœurs
Le Condor de *la jalousie*.

Qu'il soit ce qu'il en soit, de notre obscur chemin
On voit se dissiper les ombres.
En ouvrant du passé le sanglant parchemin
Lisons ses enseignements sombres.

une AUSSIÈRE... Mais les doctes et très peu pressés (étant immortels) membres de l'Académie Française ne s'étant pas encore prononcés sur ce mot *aussière* qu'on trouve dans des dictionnaires remarquables (entre autres celui de B. DUPINEY DE VOREPIERRE), j'ai dû sacrifier ma pensée primitive et en chercher une nouvelle... qui paraîtra peut-être plus juste à de certains, je n'en disconviens pas : *Chacun est libre, en tout, de voir à sa manière...* (encore un alexandrin, ô mon Dieu !)

Étudions-les bien... et qu'on puisse nous voir,
Puisque le monde nous contemple,
Rallumer dans tout cœur facile à s'émouvoir
L'espoir du beau qui sert d'exemple.

Après avoir laissé notre mauvais levain
Dans le creuset de la souffrance,
Montrons ce que Dieu peut, de son souffle divin,
Faire surgir de notre France!

L'Adam des peuples forts est, pour moi, mon pays.
Je crois voir germer sous ses côtes
Les plus nobles projets!!... et, près de ceux trahis,
Je vois dormir d'immenses fautes.

Car tout est grand en toi, France que j'aime tant!
Pour moi ton nom est un mystère
Dans lequel, éperdu, je rencontre, éclatant,
Tout l'amour que porte la terre.

Toi, cerveau fécondant de tout le genre humain,
Toi, l'amante de tout génie,
Fais qu'en ouvrant à tous et ton cœur et ta main
Par les mortels tu sois bénie!

Fais que tous tes enfants, à tes désirs soumis,
De tes feux aient une étincelle;
Que, *par l'instruction,* tous les peuples, amis,
Chantent ta gloire universelle!

Et quand, guidés par toi, nous aurons vu ce jour
Briller sur toutes les étapes,
O France! tu viendras, rayonnante d'amour,
Présider nos saintes agapes.

V

LES PRÉLUDES DE L'AVENIR — A BORDEAUX

(A l'Association Française pour l'avancement des Sciences.)

Contents d'eux, trouvant *presque*, au fond de leur astuce,
Qu'*ils* s'étaient, sous les plis du drapeau de la Prusse,
Conduits très sagement;
Au nom de l'Allemagne, aujourd'hui vraie ogresse,
En poussant un soupir de haine, d'allégresse
Et de soulagement

Ils avaient dit : — « Enfin!... La France est bien perdue!...
« Elle peut crier!... tous, à sa voix éperdue,
« Trembleront pour l'emprunt.
« Qui voudrait desserrer les cordons de sa bourse
« Pour un peuple n'ayant plus même la ressource
« De son soleil défunt?

« Ah!... ah!... ah!... Son soleil... plus que le nôtre est terne.
« Ah!... ah!... ah!... Son soleil n'est plus qu'une lanterne
« Dont les rayons lascifs
« Se sont, tous, dans nos feux, noyés l'un après l'autre...
« Nos feux éteints, dans l'ombre où la France se vautre
« Tout est écueils, récifs... »

Ils avaient dit cela de leur voix la moins forte.
Car, s'*ils* eussent chanté bien haut : — « *La France est morte*
« *Et nous battons des mains* »,
Les peuples du vieux monde, en regardant ces maîtres,
Se seraient dit entre eux : — « *Eh!... voudraient-ils, les traîtres,*
« *Compter nos lendemains...?*

....

D'un fratricide affreux montrer sa joie atroce,
Prouver que la *Science* est liée au *Féroce*
Eût été maladroit.
Pour arriver au but qui *toujours* se dérobe,
En le tenant à l'œil, il faut, du soir à l'aube,
N'aller point, vers lui, droit.

Tel est le vrai secret de la force tudesque...
Pour loucher mieux qu'un autre en devenir grotesque
C'est faire injure au beau.
Étant ivre, ou n'ayant qu'une notion fausse
Du métier, l'ouvrier creusant *toujours* la fosse
Arrive à son tombeau.

L'Allemagne croyait plus grandes les ruines
Qu'elle avait, sous un ciel pur ou plein de bruines,
Fait sur notre vieux sol!...
La France doit, sans cesse, être à jamais bénie !
Après avoir séché ses pleurs, son bon génie
Recommence son vol.

QUATORZE FOIS couvert, méprisant la panique,
L'emprunt vient d'éveiller la terreur germanique
Sur le jour à venir.
Quoi ?... Malgré ses revers, sa lourde rançon, glaive
Sur elle suspendu, la France se relève !!!
A qui, donc, l'avenir ?...

AU PROGRÈS!... *La Science* à lui vient de se joindre...
Et, sur tout l'univers, de Bordeaux on voit poindre
L'aurore d'un grand jour :
Aux rêves d'agonie, à ceux de funérailles,
Succèdent ceux plus doux des nobles fiançailles
De *la Force* et *l'Amour*.

Toi, mon noble Bordeaux, un instant capitale;
Toi, dont je suis si fier : *Toi*, ma ville natale;

Toi, tout Espoir et Foi;
Relève *Ton* vieux front que l'Avenir contemple,
La Science en *Tes* murs, a su trouver un Temple
Digne d'*Elle* et de *Toi!*

8 septembre 1872.

VI

UN NOUVEAU SOLSTICE

Et *l'Avenir* fatal que redoutaient les hommes;
L'Avenir qui nous voit, qui sait ce que nous sommes;
L'Avenir, n'attendant nul bonjour, nul adieu,
De nous, qui le craignons; *l'Avenir,* tout à Dieu,
A, sur son écliptique, un céleste solstice
Qui, marquant au soleil un point d'arrêt nouveau,
Va guider ses rayons et nous sous le niveau
De LA JUSTICE!

Octobre 1872.

FIN

TABLE

DEUXIÈME PARTIE. — IDÉALISME.

Guerre de 1870-71

RÊVES ALLEMANDS ET FRANÇAIS

POÈME

Bordeaux. — Imprimerie administrative RAGOT, rue de la Bourse 11-13.

www.ingramcontent.com/pod-product-compliance
Ingram Content Group UK Ltd.
Pitfield, Milton Keynes, MK11 3LW, UK
UKHW020206250726
13967UKWH00003B/1294